Elisabeth Raffauf

# Mein Kind macht, was es will

## Wie Sie Kindern kreativ Grenzen setzen

MIDENA

# Inhalt

**Eltern und Großeltern suchen im Neugeborenen oft das eigene Spiegelbild.**

Weinen und Schreien kann sowohl Notruf als auch Machtmittel sein.

# Zur Einführung

**Kinder brauchen ein ausgewogenes Verhältnis von Freiheit und Geborgenheit.**

*Grenzen müssen nicht einengen und behindern. Sie sind Haltepunkte und können dazu beitragen, mehr zu erreichen und freier zu werden.*

Wer will schon gerne begrenzt werden? Schöner ist es, nach den Sternen zu greifen, Träume wahr werden zu lassen, über sich selbst hinauszuwachsen, das Unmögliche möglich zu machen. Grenzen behindern da nur, engen ein, halten einen ab, mutige Wünsche zu haben und sie sich auch zu erfüllen. Das ist die eine Seite. Es klingt widersprüchlich, aber Grenzen können auf der anderen Seite dazu beitragen, mehr zu erreichen, freier zu werden. Wie etwa die Gummiwände von Hüpfburgen. Auf Kinderfesten sieht man sie manchmal. Hier können schon die Kleinen toben, ohne sich zu verletzen oder runterzufallen. Die Gummiwände schützen und helfen gleichzeitig beim Hochhinaus-Fliegen. Größere Kinder wagen sich dann auf ein Trampolin ohne Gummiwände. Setzen wir unserem Kind Grenzen, aber ohne einzuengen, abzuschneiden, wegzunehmen, sondern als Orientierungspunkte, um ihnen dadurch Freiräume und Möglichkeiten zu eröffnen.

## Grenzen sind für beide Seiten wichtig

Mütter und Väter erhalten Hilfestellung dabei, sich in der Elternrolle nicht selbst aufzugeben, sondern auch sagen zu können: Jetzt möchte ich mal eine halbe Stunde für mich haben.

6

Auch Erwachsene sind manchmal heilfroh über Grenzen, durch die sie geschützt werden: So gibt es bei der Arbeit im Betrieb Vereinbarungen, Tarifverträge, Organisationsschemata. Manche haben gerne eine Leitperson über sich, die ihnen zeigt wo's lang geht und nicht selbst verunsichert vor sich hin grübelt. Solche Grenzen sind vielleicht auch zu Hause sinnvoll: Im kleinen Familienbetrieb, wenn zum Beispiel die Mitglieder Schutz vor dem wütenden Seniorchef brauchen. Für das Kind, das durch Grenzenlosigkeit überfordert wäre. Klare Grenzen schützen es auch, im guten Sinne. Sie können helfen, dass es nicht zum Paradepferd seiner Eltern wird, sondern ein eigenes Lebewesen, das sich nach seinen persönlichen inneren Gesetzmäßigkeiten entfalten kann. Grenzen sind wichtig, um nicht orientierungslos herumzuirren und seine Energie darauf zu verschwenden, sich für gar keinen Weg entscheiden zu können.

*Auch Erwachsene brauchen Grenzen. In Konfliktsituationen können sie sogar eine Erleichterung sein.*

## Grenzen als Haltepunkte

Was damit nicht gemeint ist, sind Grenzen um ihrer selbst willen. Stattdessen geht es um sinnvolle, gerechtfertigte Grenzen, die den Kindern Halt und Raum geben, die vielleicht eine Zeit lang tragen und dann erweitert, ersetzt oder gestrichen werden können. Es gibt eine Reihe von Büchern, die den Eindruck vermitteln, das Kind müsse als Feind betrachtet werden. Da ist von Tyrannen, von erbarmungslosen Ungeheuern und von einer den Kindern innewohnenden Herrschsucht die Rede. Es wird den Leserinnen und Lesern nahegelegt, diese bösen Triebe möglichst im Keim zu ersticken. Zeiträume, in denen ein Kind besonders gefährdet ist, werden angegeben, so dass die Eltern diese Phasen schon früh erwarten und gegen sie vorgehen können. Wie in der Geschichte mit dem Hammer: Ein Mann möchte einen Hammer beim Nachbarn ausleihen. Er macht sich auf den Weg und kommt plötzlich auf die Idee: Was mache ich, wenn mir der Mann den

*Bis hierhin und nicht weiter: Klare und sinnvolle Grenzen geben einem Kind Halt und Raum.*

**Grenzen müssen für Kinder keine negative Erfahrung sein.**

*Kinder sind lustige, lebenshungrige Wesen, die nehmen, was sie kriegen können. Das ist ein ganz natürliches und lebensnotwendiges Verhalten.*

Hammer nicht leiht? Je näher er dem Haus des Nachbarn kommt, desto mehr steigert er sich in den Gedanken hinein, dass dieser Nachbar ihm den Hammer bestimmt nicht ausleiht. Als der Nachbar die Tür öffnet, schmettert er ihm nur noch entgegen: »Behalten Sie doch ihren dämlichen Hammer.« (Paul Watzlawick)

Mir macht es Angst, dass offenbar viele Leute ein solches Bild von Kindern haben. Es erscheint, als würden die eigenen Abgrenzungs- und Distanzierungswünsche auf die Kinder übertragen.

## Eingehen auf das Kind

Ehrlicher wäre es, wenn sich Eltern oder Erzieher ihre Schwierigkeit, kindgerecht auf die Kinder einzugehen, eingestehen könnten, anstatt den Teufel im Kind zu suchen. Kinder haben nicht die Absicht, jemanden zu tyrannisieren. Sie verlangen nach dem Leben, und die Erwachsenen müssen lernen, damit angemessen umzugehen. Der Psychologe Heisterkamp fordert von Eltern zunächst das Mitschwingen mit dem Erleben des Kindes. Für ihn bedeutet dies, dass sich die Eltern von dem Kind bewegen und berühren lassen und dass sie seinen Entwicklungsimpulsen folgen und darauf angemessen reagieren. Es heißt auch: Sich in die Kränkungen einfühlen, die etwa mit der Zurücksetzung durch ein nachgeborenes Geschwister verbunden sein können, indem die Bezugspersonen auch die aggressiven Reaktionen annehmen und sie trotz allem keinen Zweifel an der Unausweichlichkeit der Realerfahrung lassen.

Das bedeutet mitfühlen, Verständnis haben, das Kind erst einmal anzunehmen. Gleichzeitig heißt dies aber auch, es mit der Realität als »gut« zu konfrontieren. Das Kind nicht in Watte zu packen, ihm nicht alle Niederlagen ersparen zu wollen, ihm klarzumachen, dass auch Eltern Grenzen haben, das wäre in dem Sinne auch ein Akt positiver Zuwendung.

### Nicht den Willen brechen

Kinder sind weder dem erzieherischen Leitbild von Selbstständigkeit gewachsen, noch sind sie mit Grobheiten oder Festhaltepraktiken zu freien Menschen zu erziehen. Wenn ich ein Kind gegen seinen Willen festhalte, lernt es, dass das wohl so zu sein hat und dass man sich manchmal einfach nicht wehren kann. Dieser Erkenntnisgewinn ist fatal. Es ist wichtig und notwendig, dass Kinder auch lernen, Nein zu sagen. Nur so können sie sich gegen Missbrauch und Ungerechtigkeit schützen.
Kinder, die gegen ihren Willen festgehalten werden, lernen weder sich selbst zu schützen, noch die Grenzen anderer zu wahren.

*Für Kinder ist es wichtig, Neinsagen zu lernen, und das sollten Eltern auch akzeptieren.*

**Kinder sollten das Festhalten als Zuwendung und nicht als Gewalt erfahren können.**

# Ein Kind wird, was es lernt

*Wenn Ihr Kind schwierig und schwer zugänglich ist, fragen Sie sich: Welche Eigenschaften hat es? In welcher Situation befindet es sich momentan? Fragen Sie sich aber auch: Mache ich vielleicht etwas falsch?*

»Wenn man ein Kind erzieht, lernt es erziehen. Wenn man einem Kind Moral predigt, lernt es Moral predigen, wenn man es warnt, lernt es warnen, wenn man mit ihm schimpft, lernt es schimpfen, wenn man es auslacht, lernt es auslachen, wenn man es demütigt, lernt es demütigen, wenn man seine Seele tötet, lernt es töten. Es hat dann nur die Wahl, ob sich selbst oder die anderen oder beides.« (Alice Miller)

Erziehung ist nicht schwarz-weiß. Dass Erziehung eine einfache Aufgabe ist, hat auch nie jemand behauptet. Der Wunsch nach Tipps und Ratschlägen, mit denen jetzt alles zu machen sei, ist verständlich, aber unrealistisch. Ratschläge können eben auch Schläge sein. Denn das Problem dabei ist, dass man sie nicht verallgemeinern kann. Es gibt Ähnlichkeiten zwischen Kindern eines bestimmten Alters, aber es gibt auch Unterschiede. Jedes Kind hat eben seine ganz persönlichen Eigenarten, die es von anderen Kindern unterscheiden. Manche Eltern erzählen über ihre Kinder: »Die ersten beiden waren völlig problemlos, aber jetzt das dritte, das macht uns solche Schwierigkeiten.«

**Den besten Zugang zu Ihrem Kind finden Sie, wenn Sie seine Wesensart als etwas Einzigartiges begreifen.**

Wenn das so ist, muss man erst einmal sehen, in welcher Situation jenes Kind steckt, das den Eltern so schwierig erscheint. Was ist das denn für ein Mensch? Mit welchen Eigenheiten ist es ausgestattet? Und in welcher Situation befinden wir uns als Eltern zu dem Zeitpunkt, an dem die Probleme auftreten?

Auch das hat Einfluss auf das Verhalten eines Kindes. Es gibt keine Erziehungsschemata, die für alle Kinder und Eltern gleichermaßen greifen. Erziehung fordert von uns Eltern Auseinandersetzung und flexibles Denken. Auch für Eltern gibt es Grenzen, sie müssen bereit sein, Dinge neu zu lernen. Das vorliegende Buch ist ein Versuch, Eltern zu helfen, mit den erzieherischen Problemen des Alltags besser umgehen zu können und Grenzen zu setzen. Das geht einmal über ein besseres Verständnis für die eigene Funktion als Eltern, zum anderen, über ein größeres Einfühlungsvermögen in die Kinder. Dazu werden Anregungen gegeben. Für die oder den einen sind sie passend, andere können nichts damit anfangen, dafür vielleicht mit dem Erlebnis einer Mutter oder eines Kindes, die im Folgenden auch zu Wort kommen.

*Eltern müssen sehr flexibel sein. Viele Situationen erfordern ein schnelles Umdenken oder Reagieren. Der Vorteil: Das hält geistig jung.*

### Auch Eltern können lernen

Dabei wird es aber nicht gelingen, wenn man ein bisschen über die Theorie erfahren hat, gleich alles in der Erziehung richtig zu machen. Das Ziel einer intensiven Beschäftigung mit dem Thema könnte jedoch sein: Ab und zu sich selbst Einhalt zu gebieten, eine Pause zu machen und anders mit den Problemen umzugehen, gelassener zu reagieren, als man das vielleicht vorher getan hätte. Wenn einem das in einer von zehn schwierigen Situationen gelingt, ist das schon ein großer Erfolg.

### KINDER SIND WIE JUNGE BÄUME

*»Kinder sind wie junge Bäume. Sie brauchen Stützen, um sich zu halten und nicht abzuknicken. So können sie hoch wachsen und stark werden. Wenn sie groß sind, haben sie dann die Kraft, alleine zu stehen.«* Eine Urgroßmutter, 86 Jahre

# Der Umgang mit kleinen Kindern

»Bei Kindererziehung muss man, glaub ich, irgendwie starke Nerven haben. Auf jeden Fall bei etwas älteren Kindern.« – »Bei Babys auch. Das merk ich jetzt bei meinem kleinen Bruder, der ist drei. Da muss man auch schon ziemliche Nerven haben, der klettert überall hoch, nimmt alles in den Mund, dann kippt der Stuhl um, dann tut er sich weh ... und vor allen Dingen, wenn man erst Zwillinge hat ...«

*Max und Jakob, 10 Jahre*

Wer kleine Kinder hat, sollte sich von übertriebenen Vorstellungen hinsichtlich Reinlichkeit und Ordnung tunlichst trennen.

## Krach im Haus

Erst schreien sie nur, der Schlaf der Eltern ist gestört, die Nerven liegen blank. Doch sie sind einfach niedlich, wenn sie nicht schreien. Aber dann fangen sie an zu krabbeln, räumen Schubladen aus, schmieren Haare, Bücher und Kleidung mit Mamas Nachtcreme voll und gießen das Blumenwasser in die Aktentasche. Und nicht nur das. Eine tolle Art, die Umwelt kennen zu lernen, ist sie zu probieren: Sie verschlucken Schräubchen, trinken schmutziges Spülwasser und kosten die Schuhcreme.

**KLEINE KINDER SIND JA NOCH SÜSS ...**

*»Am Anfang sind sie ja noch süß, aber dann ...*
*Ich interessiere mich besonders für Kinder, wenn*
*sie klein sind, bis zwei Jahre ungefähr. Da ist alles*
*noch so direkt und ehrlich. Ab dann kriegen sie*
*auch so Hintergedanken, dann werden sie böse.«*

Vater eines eineinhalbjährigen Sohnes

## Selbst ist das Kind

Die Zauberworte sind »selber« und »'leine.« Mit ihnen signalisieren die Dreikäsehochs, die gerade laufen und sprechen lernen: »Lass mich nur machen, ich kann das schon ganz alleine und ohne deine Hilfe.« Volle Apfelsaftbecher gehen zu Boden, der Käse wird vom Parkett gegessen, die Salamischeibe aufgespießt und ins Glas mit Saft getunkt, die Tomate mit den Fingern zerquetscht, probiert und dann aus dem Gesichtskreis befördert. Eltern sitzen daneben, hilflos, wütend, nach außen zwar Toleranz übend, innerlich jedoch kochend. Alle Register werden gezogen: Sie bieten immer wieder ihre Hilfe an, lassen den Sprössling aber dann doch machen, er muss es ja schließlich lernen. Oder die Eltern verlieren die Geduld und schreien: »So geht es aber nicht!«, nehmen dem Kind das Essen weg und schmeißen am Ende dabei selbst ihr Glas um.

Wie aus einer Trance wachen sie plötzlich erschrocken auf, wenn sie dem Kind einen Klaps gegeben haben. Bei der nächsten Mahlzeit findet dann das gleiche Spiel wieder statt und so geht es fort: Tage, Wochen, Monate. Der Gang ins Restaurant wird gestrichen, die Freunde, bei denen man früher öfter mal zum Essen eingeladen war, haben sich auch höflich zurückgezogen. Das Kind hat schließlich seinen eigenen Kopf durchgesetzt.

*Gute Nerven sind manchmal gefragt, wenn kleine Kinder darauf bestehen, alles alleine machen zu wollen.*

13

Kleinkinder wollen
ihre Umwelt mit allen
Sinnen erfahren, auch
wenn das den Eltern
Arbeit macht.

## Den Willen unterordnen?

*Kleine Kinder in*
*China haben große*
*Freiheiten, sie*
*dürfen alles. Sie wer-*
*den gehätschelt und*
*umhergetragen und*
*bekommen die größ-*
*ten Stücke beim*
*Essen. Erst ab drei*
*Jahren werden sie*
*einem großen Drill*
*ausgesetzt. Neben*
*dem Kindergarten*
*werden sie abends*
*in Musik, Sport,*
*Kalligraphie,*
*Mathematik und*
*Computertraining*
*unterwiesen.*

Eine Mutter berichtete, dass ihr Sohn krank war. Er hatte 40 Grad Fieber, und sie glaubte, unbedingt mit ihm zur Kinderärztin gehen zu müssen. Er aber wollte auf keinen Fall und wehrte sich mit Händen und Füßen. Sie zog ihn jedoch schließlich an und packte ihn aufs Fahrrad. An der nächsten Ampel sprang der Kleine vom Kindersitz, versteckte sich hinter einem Auto und war nicht mehr zur Weiterfahrt zu bewegen. In diesem Fall hat das Kind nach seinem Instinkt richtig gehandelt.

Wer Fieber hat, braucht einfach Ruhe. Die Mutter hätte ihren Sohn womöglich besser im Bett lassen sollen, Wadenwickel anlegen und sich vielleicht sogar mit hinlegen sollen. Fieber ist ein natürliches Signal des Körpers für Ruhebedürfnis, und wenn es wirklich notwendig erscheint, muss man den Hausarzt eben zu einem Krankenbesuch bewegen. Ein fieberndes Kind aufs Fahrrad zu setzten, um es zum Arzt zu bringen, ist keine gute Idee. Erwachsene dürfen ihren Willen nicht mit Gewalt durchsetzen.

# Frühe Abwehrhaltungen

Ein Vater erzählt: »Als mein Sohn klein war, hat sich der Paten-onkel immer noch um ihn gekümmert. Jetzt, wo er etwas größer ist, ist der Kontakt zwischen den beiden gleich null. Obwohl er neben dem Kindergarten wohnt, hat er den Kleinen noch nicht ein-mal abgeholt. Er ist der Meinung, der Junge sei so aggressiv gewor-den. Das verletzt uns sehr.« Eine Mutter beschreibt die Mühen der Erziehung auf ironische Weise: »Es dauert immerhin mindestens 18 Jahre, bis unsere Kinder wohlgeformte Worte aus ihrem Mund entlassen, und bis dahin ist ein langer Weg.«

So etwa im Alter von einem Jahr bekommen die Kinder Wutaus-brüche, sie werfen sich auf den Boden, trommeln mit den Fäus-ten auf den Tisch und sind nicht zu beruhigen. Lassen Sie Ihr Kind in Ruhe, und sprechen Sie es hinterher erst an. Das Kind wird jetzt von seinen neuen Gefühlen überrollt, es muss erst ler-nen, mit Wut und Trauer umzugehen.

*Wenn ein Kind aus heiterem Himmel einen Wutanfall bekommt, versuchen Sie, sich nicht aufzuregen, und warten Sie ab, bis sich das Kind wieder beruhigt hat. Erst dann sollten Sie mit ihm darüber reden.*

## Wann fängt Erziehung an?

Wenn Kinder größer werden und immer mehr ihren eigenen Wil-len entwickeln und auch durchsetzen wollen, wird es anstren-gend, für manche zu anstrengend. Was tun? Und wann fängt Erziehung an? Und wie geht das überhaupt? Mit diesen Fragen stehen junge Eltern erst einmal alleine da.

Die Tipps der Freunde und Verwandten: »Du musst durchgreifen, nicht alles durchgehen lassen, wir haben früher eins mit dem Suppenlöffel auf den Mund bekommen, wenn wir nicht ordentlich gegessen haben – das war vielleicht auch nicht richtig, aber …, guckt ja, dass eure Tochter keine Prinzessin wird«, helfen auch nicht weiter. Im Gegenteil, sie erhöhen häufig den eigenen Druck. Zumal wenn die Gewissensfrage gestellt wird: Seid ihr für autoritäre oder für antiautoritäre Erziehung?

*Kinder werden oft von ihren Gefühlen überrollt. Sie müssen noch lernen, angemessen damit umzugehen und ihre Enttäuschung oder ihre Wut entsprechend zu beherrschen und zu verarbeiten.*

15

# Erziehen nach der Erziehungskrise

**Bei den Hippies der 60er und 70er Jahre galt Erziehung als eine Art von Freiheitsberaubung.**

»Eltern sollten nicht so hart sagen, wenn sie etwas nicht wollen, und auch nicht schreien oder ausflippen, weil dann die Kinder eher nur weiter machen. Sie sollten mehr Geduld haben und auch mal das Nein der Kinder respektieren.«
*Hans, 12 Jahre*

Die Entscheidung zwischen einer autoritären oder einer antiautoritären Erziehung gibt es für die meisten Eltern heute nicht mehr. Im Vordergrund steht letztlich die Frage, wie man sein Kind für die Gesellschaft »fit« macht. Pädagogen sprechen von »partnerschaftlicher Erziehung«. Gemeint ist also weder das Laisser-faire der antiautoritären Erziehung noch das Dingfestmachen und Willenbrechen der autoritären Erziehung. Manchmal ist es ja auch lustig, das Matschen, die Wutausbrüche, das Weglaufen. Sie sind ja noch klein, und woher sollen sie's denn wissen? Aber: Die Zielsetzung bleibt. Mein Kind soll irgendwann ein kultiviertes Wesen werden. Es soll Tischmanieren haben, sprich mit Messer und Gabel umgehen können oder wenigstens mit dem Löffel essen und auch nicht auf den Tisch klettern.

Ebenso soll es lernen, seine Gefühle in den Griff zu bekommen, denn Wutausbrüche sind kraftraubend und kosten Nerven.

Es könnte auch mal alleine spielen, nicht immer quengeln und Mama am Rockzipfel hängen, wenn sie gerade kocht, die Wäsche aufhängen oder ein wichtiges Telefonat führen will. Also mit anderen Worten: Die »archaischen« Verhaltensweisen – Spielen mit dem eigenen Kot, Essen von Sand, das »Herumsauen« – müssen auf die Dauer der Kultur weichen.

Das ist das Ziel. Aber schwarz-weiß ist das Leben nun mal nicht, etwa dass man immer Zwang ausüben oder im Gegenteil den Kindern immer ihren Willen lassen könnte. Es ist einfach viel komplizierter, und jeder Tag ist für Kinder und Eltern eine neue Herausforderung. »Wir überlegen doch selbst zwanzigmal am Tag, ob es so, wie wir es machen, richtig ist«, bringt eine Mutter die Situation des Erziehungsalltags auf den Punkt.

## Zwischen schwarzer Pädagogik und Laisser-faire

In der europäischen Pädagogik gab es eine lange Periode der Strenge und des Strafens, die autoritäre Erziehung. Das Kind wurde als wildes Triebwesen betrachtet, das durch körperliche Gewalt und seelische Grausamkeiten in ein reines Unschuldswesen verwandelt werden sollte. Dieser »schwarzen Pädagogik« folgten liberalere Erziehungsmodelle, die verstärkt das Kind als freies, selbstbestimmtes, eigenverantwortliches Individuum betrachteten, dessen Entfaltung es zu unterstützen galt. Aufgabe war, das Gute im Kind zu fördern.

Eines der ersten Modelle für antiautoritäre Erziehung war die Schule Summerhill in der englischen Grafschaft Suffolk. A.S. Neill, ihr Begründer, glaubte, für Kinder seien folgende Bedingungen wichtig: die Freiheit, in ihrem eigenen Tempo großzuwerden, Freiheit von jeglicher Beeinflussung, sei sie nun religiöser, politischer oder moralischer Natur sowie die Freiheit für Kinder, in ihrer eigenen Gemeinschaft zu leben und ihre eigenen sozialen Gesetze zu machen. Im Internat Summerhill geht man davon aus, dass Kinder nur lernen, wenn sie das auch wollen. Disziplin gibt es dort durchaus: Die Freiheit des Einzelnen darf nicht auf Kosten anderer durchgesetzt werden. Es gibt ein festes Regelwerk, das die Kinder maßgeblich mitbestimmen.

17

### Regeln sind wichtig

*Kinder wollen wissen, woran sie sind. Deshalb können feste Regeln zu einem reibungslosen Zusammenleben in der Familie beitragen.*

Weder die ganz strenge noch die ganz freie Erziehungsmethode brachte die erhofften Ergebnisse: glückliche, zufriedene, nicht zu aufmüpfige Kinder, die irgendwann alleine mit ihrem Leben klarkommen und ihre Eltern lieben. Fehlentwicklungen als Folge falscher Erziehung wurden in beiden Fällen ausgemacht: Die einen sind vielleicht selbst zu Tyrannen geworden oder tragen jedenfalls viele Narben davon, die anderen hatten Probleme mit der Realität, in der sie Grenzen gesteckt bekamen, mit denen sie nicht umzugehen wussten. Wie so oft muss die Lösung irgendwo in der Mitte liegen, zwischen Autorität und Antiautorität.

Ich möchte es einmal vorsichtig formulieren – ohne mich auf die Seite einer Ideologie zu schlagen: Eine Erziehung soll mit Herz und Verstand angewendet werden. Das heißt: Es muss Regeln geben. Diese Regeln müssen aber sinnvoll sein und dürfen nicht willkürlich aufgestellt werden. Dann bieten sie nämlich einen Schonraum und eine Herausforderung zugleich. Und sie sollten

**Interessanter Unterricht ist sinnvoller als jede Disziplinarmaßnahme**

**ALLES FLIESST**

*»Mein kleiner Sohn schüttet wahnsinnig gerne um. Den Kakao von der Tasse auf den Teller, den Apfelsaft von seinem Becher in den Becher seiner Schwester und wieder zurück, den Kaffee in seine Tasse. Ich bitte ihn, das zu lassen. Wenn er weitermacht, sage ich ihm, dass ich die Becher weg- nehmen muss. Wenn auch das nichts nützt, nehme ich sie weg. Da ist einfach meine Grenze. Das folgende Geschrei nehme ich in diesem Falle in Kauf.«*

Eine Mutter

eingehalten werden, aber nicht um jeden Preis. Wenn bestimmte Regeln sinnlos werden oder die Erziehungsberechtigten sich geirrt haben, kann man sie auch getrost abschaffen – das schmälert weder Autorität noch Glaubwürdigkeit.

Mit Herz, das heißt: Es muss auch Freiheiten geben, ganz indivi- duell. Dem Kind sollte immer – und ganz besonders in Konflikt- situationen – klar sein: Der Ärger meiner Eltern ist nicht gegen mich gerichtet, sondern gegen das, was ich verbockt habe. Die Liebe ist da, und sie ist auch nicht in Gefahr.

*Wer Regeln immer wieder auf ihren Sinn überprüft, kann Überflüssiges fallen lassen und sich eine Menge Energie sparen.*

## Üben im Schonraum und in kleinen Mengen

Lassen sie Ihr kleines Kind in der Badewanne üben, aus der Tasse zu trinken. Mit sauberem Wasser versteht sich. So kann es seiner Leidenschaft, dem Umschütten, nachgehen und lernt gleichzeitig das Trinken und das Ein- und Ausgießen.

Geben Sie Ein- bis Zweijährigen immer nur zwei bis drei Bröckchen auf den Teller. Sie haben genug zu tun, sich darauf zu konzentrieren, und es geht nicht soviel zu Boden.

# Wie ein Gärtner seine Blumen pflegt

*Nach der Geburt eines Kindes sind ganz neue Situationen im Alltag zu Hause zu bewältigen. Wir müssen das neue Familienmitglied erst einmal kennen lernen und umgekehrt.*

»Erziehern empfehle ich, es so zu halten wie ein Gärtner. Er schüttet nicht einfach einen Eimer Dünger und einen mit Wasser über seine Blumen. Er schaut sich die Pflanzen an, erkennt, wie sie beschaffen sind, und schneidet und behandelt sie, so wie sie es brauchen und es ihnen gemäß ist.« (Nick Berk, Diplompsychologe)

Eltern werden ist kein Lehrberuf. Wird ein Kind erwartet, haben die Eltern vielleicht jede Menge Vorstellungen im Kopf, aber wie die eigene Realität aussehen wird, das kann einem keiner vorhersagen. Plötzlich, keiner weiß so recht, wie ihm geschieht, ist man Vater oder Mutter. Manche behaupten: In den ersten drei Monaten stehen die Eltern erst einmal unter Kinderschock. Plötzlich ist die Mutter oder sind beide Eltern den ganzen Tag mit dem Wurm beschäftigt. Manchmal kommt die Mutter nicht einmal aus dem Bademantel raus und weiß am Abend auf die Frage: »Was hast du eigentlich heute gemacht?« nichts zu antworten. Und das Geschirr steht immer noch da.

»... das Kind erkennen wie ein Gärtner seine Pflanzen.«

## Ein neuer Mensch im Haus

Die Beschäftigung mit dem Kind nimmt am Anfang sehr viel Raum und Zeit ein. Da heißt es: sich gegenseitig kennen lernen. Die Fragen überschlagen sich: Soll ich meinem Kind genau nach Fahrplan alle vier Stunden etwas zu essen geben, oder füttere ich es immer dann, wenn es weint? Wird das Kind zu sehr verwöhnt, wenn ich bei jedem Schrei sofort an sein Bettchen gehe? Hat es etwas Schlimmes? Oder: Was sind eigentlich Dreimonatsblähungen? (Diese Verdauungsstörungen treten in den ersten drei Lebensmonaten auf, bedingt durch die Umstellung nach der Versorgung im Mutterleib.) Bekommt ein Kind immer sofort alles, wonach es greift, oder muss ich jetzt schon aufpassen, dass ich es nicht verwöhne?

Erziehungstipps und -maßnahmen geistern so viele, wie es Meinungen gibt, durch die Gegend. Aber wie geht es, an welche der Unmengen von Ratschlägen soll man sich halten? Je mehr junge Eltern sich davon anhören oder sie zum Thema lesen, desto größer wird möglicherweise auch die Verwirrung.

*Tipps für eine richtige Erziehung hören Eltern von allen Seiten – es gibt so viele davon, wie es unterschiedliche Meinungen darüber gibt. Aber an welche Ratschläge soll man sich halten?*

## Auf die innere Stimme hören

Zur reinen Selbsterhaltung ist es beim Umgang mit den Kindern auch ab und zu nötig, sich selbst zu fragen: Wo sind meine Grenzen? Was möchte ich einfach nicht? Was kann ich dem Kind erlauben, und was kann ich ihm nicht durchgehen lassen?

Eine junge Mutter sagt: »Wenn ich in einer schwierigen Situation bin, nicht mehr weiter weiß, aber das Gefühl habe, ich müsste ausrasten, gehe ich fünf Minuten alleine aufs Klo. Dort versuche ich, meine Gedanken zu sortieren und in Ruhe zu überlegen: Was ist jetzt richtig, und wo sollte ich mich besser nicht reinsteigern? Das hat mir schon oft geholfen.«

Ratschläge können junge Eltern sicher jede Menge gebrauchen, und Sie werden sie sicher auch suchen. Dazu sind Gespräche mit Hebammen und erfahrenen Eltern in jedem Fall interessant und informativ. Und eins können Eltern immer selbst tun: Es hilft sehr, sich zu fragen: Was würde ich tun? Wie ist mein Gefühl? Aus dem Instinkt heraus lasse ich kein Kind einfach schreien. Ich nehme es vielleicht auf den Arm, trage es herum und gebe ihm häufig ganz automatisch, was es braucht.

*Was mache ich, wenn mein Kind schreit? Darf ich es herumtragen, oder verwöhne ich es dann zu sehr? Wenn Sie einfach dem eigenen Gefühl folgen, tun Sie am ehesten das Richtige.*

21

## DAS PROVOKATIONSBÜNDEL

*»Mein anderthalbjähriger Sohn steigt mit Vorliebe auf den Tisch. Uns behagt das gar nicht. Er ist dann so richtig in Provozierlaune. Es stehen viele Sachen auf dem Tisch, die uns wertvoll sind, außerdem kann er runterfallen. Bislang haben wir die Sachen weggeräumt, bis der Tisch leer war. Aber soviel Platz haben wir nicht. Wir wurden in unseren Ermahnungen immer lautstarker, aber es nutzte nichts. Irgendwann fiel mir dann die Lösung ein: Wenn Du auf den Tisch steigst, kommst Du in dein Zimmer, habe ich zu ihm gesagt. Das wirkt. Er schreit dann zwar wahnsinnig rum. Aber so langsam wird es besser.«* Ein Vater

## Die Welt erkunden

*Wenn Kinder provozieren, wollen sie nur ihren eigenen Standpunkt herausfinden, sie wollen austesten: Wie weit kann ich gehen, bis meine Eltern reagieren?*

Sobald die Kinder mobiler werden, wollen sie alles erkunden. Nicht nur, wie hoch sie kommen, sondern auch, wie weit sie gehen können. Auch bei den Eltern. Provozieren wollen sie nicht, wohl eher den eigenen Standpunkt herausfinden. Fühlen sich Eltern angegriffen, kann es leicht dazu kommen, dass sie den kleinen Herausforderer erst einmal aus dem Gesichtskreis schaffen. Irgendwann hört der Kleine sicher damit auf, aber nicht aus Respekt vor dem elterlichen Bedürfnis, die Sachen auf dem Tisch und ihn zu schützen, sondern aus Angst vor Strafe und Liebesentzug. Eine andere Methode wäre es, den Sohn vom Tisch herunterzuholen, um ihm dann aber in Ruhe zu erklären, warum man das tut, und ihm gleichzeitig eine andere Klettermöglichkeit anzubieten. Etwa eine Kissenburg im Wohnzimmer oder einen Stuhl, von dem aus er beim Kochen zusehen kann.

# Was Kinder schon verstehen

Kinder, die noch nicht sprechen können, sind durchaus schon in der Lage, Worte zu erfassen. »Es versteht das ja noch nicht«, glauben viele Mütter und Väter. Sie besprechen ungeniert alles über ihr Kind in seinem Beisein. Auch Sachverhalte, die ihnen selbst peinlich und verletzend erschienen, wenn jemand in ihrer Gegenwart so über sie reden würde. Was und wie Babys und Kleinkinder verstehen, wissen wir jedoch nicht, das lässt sich nur erschließen.

Die französische Ärztin und Psychoanalytikerin Caroline Eliacheff macht Psychoanalyse mit Babys und Kleinkindern und hat dabei große Erfolge. Psychoanalyse, das heißt in diesem Falle: Sie spricht mit ihnen über ihre Leiden, ihre körperlichen Symptome und die zum Teil sehr schmerzhaften Erlebnisse, die sie schon hatten. Sie berührt die Kinder nicht und versucht auch nicht, ihnen eine Ersatzmutter zu sein. Und: Es wirkt.

Caroline Eliacheff geht von der These aus: Wenn ein Kind nicht oder noch nicht spricht, drückt sein Körper die vergangenen oder gegenwärtigen Erfahrungen aus … vor allem an ihm zeigt sich das Leiden einer Person.

*»Ist es nicht ein Paradox, dass man so lange angenommen hat, dass Kinder, die die Sprache noch nicht beherrschen, sie auch nicht verstehen?«*
Caroline Eliacheff

**Kinder, die in einem fremden Land adoptiert werden, leiden oft unter der Angst, nicht angenommen und geliebt zu werden**

## Zum Beispiel Olivier

Das Kind ist zweieinhalb Monate alt, als es zum ersten Mal von einer Säuglingsschwester in die Praxis der Psychoanalytikerin Eliacheff gebracht wird. Seine Symptome sind riesige schorfartige Ekzeme auf dem Gesicht und auf der Kopfhaut; die Bronchien sind stark verschleimt.

Frau Eliacheff gibt den Symptomen Oliviers einen Sinn, erklärt sie aus seinem bisherigen Leben: Olivier wurde direkt nach der Geburt von seiner Mutter getrennt, die ihn zur Adoption freigab. Ihr Wunsch: Er soll in einer Familie mit einer anderen Hautfarbe groß werden. Olivier hat eine schwarze Hautfarbe. Sein Ekzem verschwindet praktisch über Nacht, als er begreift, dass seine schwarze Haut kein Hindernis ist, geliebt und als er selbst angenommen zu werden. Ebenso beginnt er ruhig und gleichmäßig zu atmen, als ein passender Zusammenhang zur Trennung von der Mutter hergestellt wird.

*Babys nehmen ihre Umwelt intensiv wahr, noch bevor sie die ersten Worte sprechen. So können sie zum Beispiel verstehen, was die Mimik und der Tonfall ihrer Mutter bedeuten.*

## Babys interpretieren Mimik und Tonfall

Auf unseren Alltag mit kleinen Kindern bezogen, könnte es vielleicht heißen: Das Kind versteht zwar nicht die Worte, aber es versteht an Hand der Art und Weise wie etwas gesagt wird, mit welcher Haltung ihm entgegengetreten wird.

Ein eineinhalbjähriger Junge, der von seinem Onkel gewarnt wird: »Lehn dich nicht an den Spiegel, der an der Wand steht, das

**Gestik, Mimik und Tonfall werden von den ganz Kleinen bereits verstanden und wie eine Mitteilung verarbeitet.**

ist gefährlich, der kann umkippen«, geht davon weg, aber er wird auch wieder hingehen. »Gefährlich, das hört sich interessant an, wollen wir mal gucken, was passiert«, denkt er vielleicht, als er die erregte Stimme des Onkels hört. Wenn er also wieder hingeht, nützt es nichts, ihn einzuschüchtern oder sich über seinen Unverstand zu entrüsten. Der Spiegel muss verbannt werden.

Der Mensch ist ein eigenständiges Wesen, schon von seiner Geburt an. Das heißt auch, wir müssen uns gegenseitig erst einmal kennen lernen und vielleicht sogar im Laufe unseres Lebens immer wieder neu kennen lernen.

*Eltern und Kinder müssen sich zuerst einmal richtig kennen lernen. Jeder Mensch ist von Geburt an ein eigenständiges Wesen.*

## Lebhafte Fühlungnahme

Früher hat man geglaubt: Babys können nur essen, ausscheiden, schreien und schlafen. Das ist mitnichten der Fall. Spätestens seit der amerikanische Entwicklungspsychologe Daniel Stern seine Untersuchungen über die ersten eineinhalb Jahre des Menschen gemacht hat, weiß man, dass ein Baby von Anfang an mit seiner Umwelt in regem Kontakt steht, dass es sehr unterschiedliche Gefühle hat und diese auch zu äußern vermag – wenn auch in einer Art und Weise, an die Erwachsene nicht gewöhnt sind.

Bereits kleine Säuglinge hören auf zu schreien, wenn man mit ihnen redet und vor allem eine begütigende, sanfte Stimmlage wählt. Die Winzlinge scheinen die Bedeutung von Wort und Ton zu erfassen. Babys nehmen Gesprochenes wie einen Nährstoff für ihr Denken, Fühlen und Empfinden auf. Wenn Mütter viel mit den ganz Kleinen sprechen, entwickelt sich deren Sprachgefühl besser.

*Sprechen Sie mit Ihrem Baby! Dadurch entwickelt sich nicht nur sein Sprachgefühl besser, es merkt auch, dass es ernst genommen wird.*

Passiv haben Kinder die Worte längst gespeichert, auch wenn sie lange Zeit noch nicht den Mund aufmachen. Bei einigen kann es bis zum vollendeten zweiten Lebensjahr dauern, bis sie richtig zu sprechen beginnen. Und dann sprudelt manchmal zum Erstaunen der Eltern ein ganzer Satz heraus.

# Ich will es anders machen

*Versuchen wir, unsere Kinder so zu nehmen, wie sie sind, und nicht so, wie wir sie uns vorstellen.*

»Ich merke schon, dass Eltern auch die Kinder brauchen, also dass sie jemanden brauchen, über den sie was erzählen können. Weil wenn sie keine Kinder haben, machen sie das über ihre Chefs oder so oder über den Kanzler.«  *Max, 10 Jahre*

»Erwachsene brauchen Kinder wirklich, ich finde Mütter sogar noch ein bisschen mehr. Meistens hört man ja: Der Vater muss bis spät arbeiten, und die Mutter hockt mit den Kindern rum.«  *Jakob, 10 Jahre*

## Der Einfluss der eigenen Erfahrungen

*»Wenn wir den Versuch beenden, unsere Kinder gemäß der Vorstellung zu formen, wie sie sein sollten, können wir sie allmählich so sehen, wie sie wirklich sind!«*
Anne Wilson Schaef, Psychotherapeutin

»Kinder sind Flügel des Menschen«, sagt ein arabisches Sprichwort. Das Kind gilt als das Symbol für Leben, für Neues, für Zukünftiges. Dem Kind stehen alle Türen offen, ihm ist alles möglich, so meinen wir.

Noch bevor so ein kleines Wesen das Licht der Welt erblickt, obliegt es ihm schon, Tausende von Hoffnungen und Sehnsüchten der Erwachsenen in sich zu vereinen. Ist es dann auf der Welt, hat es vielleicht die Nase vom Papa, die Ohren von Mama und die Augen von Tante Annegret. Für jede Regung, die es macht, wird ihm eine große Karriere vorausgesagt: Bewegt es einmal die Finger, wird aus dem kleinen Bündel bestimmt ein berühmter Chirurg, verzieht das Mädchen die Mundwinkel, ist ihr eine große Karriere als Kabarettistin in die Wiege gelegt, und der kleine Schreihals wird garantiert einmal Opernsänger.

## Mein Kind – meine Hoffnung

Häufig machen wir uns ein heiles, geschöntes Bild der Kindheit vor. Das Lied von Peter Maffay, »Nur für einen Tag«, spiegelt wider, was Erwachsene in Kindern sehen.

Ihre Verletzlichkeit, ihre ganz eigene Art werden dabei ausgeblendet. Was solche Annahmen über die kleinen, hilflosen Wesen zeigen, sind unsere eigenen Wünsche und Sehnsüchte nach einer heilen Welt. Ungeniert stülpen wir sie den Kleinen über. Dabei müssen sie häufig schon früh Rollen übernehmen, die ihnen selbst gar nicht gerecht werden.

→ Wenn wir unzufrieden mit unserer Partnerbeziehung sind, laufen wir Gefahr, sie zum Partnerersatz zu machen.

→ Wenn sie geboren wurden, weil ein Geschwister gestorben ist, müssen sie dessen Rolle übernehmen.

→ Wenn wir selbst gerne eine erfolgreiche Eiskunstläuferin geworden wären, es zu unserem Bedauern aber nur zur Bibliothekarin gelangt hat, sollen wenigstens die Töchter Karriere machen und uns stellvertretend diesen Wunsch erfüllen.

Das Kind hat noch Chancen, die wir unwiderbringlich nicht mehr haben. Es ist wichtig, das auseinander zu halten. Wenn wir es nur aus unserem eigenen Blickwinkel betrachten, besteht die Gefahr, dem Kind nicht gerecht zu werden. Ein Kind, das nach außen hin fröhlich wirkt, obwohl seine Eltern sich gerade trennen, ist sicher nicht fröhlich.

Die Aussage: Wir leben im Streit, aber der Kleine ist ein Sonnenschein, ist fatal. Sie entsteht eher aus dem Wunsch heraus, dass

*Nur für einen Tag*
*Einmal möcht' ich*
*wieder Kind sein.*
*Nur für einen Tag.*
*Einmal mich nicht*
*wehren müssen.*
*Nur für einen Tag.*
*Einmal nichts*
*entscheiden müssen.*
*Nur für einen Tag.*
*Einmal alles lieben*
*können.*
*Nur für einen Tag.*
*Einmal möcht' ich*
*wieder Kind sein.*
*Nur für einen Tag.*
*Einmal nichts*
*verbergen müssen.*
*Nur für einen Tag.*
*Einmal alles sagen*
*können.*
*Nur für einen Tag…*

**Ihr Kind muss kein Starpianist werden, um Freude an der Musik zu haben.**

wenigstens irgendetwas noch in Ordnung sein sollte, wenn schon die Beziehung in die Brüche geht. Das ist verständlich. Doch der Kleine gibt sich möglicherweise deshalb glücklich und fröhlich und muckt nicht auf, weil er gerade dabei ist, ein Elternteil zu verlieren, zumindest räumlich. Denn seine Angst ist: Wenn ich mich quer stelle, gehen die Mutter oder der Vater vielleicht auch noch von mir weg. Oder aber er meint: Die Eltern trennen sich, und ich bin schuld; weil ich immer so frech war, haben sie sich gestritten. Häufig ist es uns nicht bewusst, dass wir unseren Kindern Rollen überstülpen oder Wunschvorstellungen in sie hineininterpretieren. Umso wichtiger ist es, sich die eigenen Haltungen, gelebte und ungelebte Wünsche bewusst zu machen. Dann können wir die Anliegen und Anlagen des Kindes von unseren Bedürfnissen trennen. Sowohl ihm als auch uns werden wir dann eher gerecht.

## Als ich selbst Kind war

*Wer die eigenen Bedürfnisse kennt, kann sie klar von denen des Kindes trennen.*

Wünsche, Hoffnungen und Sehnsüchte, die wir in die Kinder legen, haben ganz viel mit unseren eigenen Kindheitserlebnissen zu tun. Hatten wir das, was man landläufig eine glückliche Kindheit nennt, oder standen viele Erlebnisse im Vordergrund, die wir gerne vergessen möchten?

Ganz unterschiedliche Erfahrungen, die natürlich unsere Haltungen heute im Umgang mit den eigenen Kindern beeinflussen:

Können wir wohlwollend und geduldig mit ihnen sein? Können wir ihnen Freiraum und ein Experimentierfeld lassen? Können wir ihnen sinnvolle Grenzen setzen, ohne ein schlechtes Gewissen haben zu müssen? Sind wir der Auffassung: Er oder sie sollen es einmal besser haben oder aber: Das hat es in meiner Jugend nicht gegeben?

Eine Mutter war zum Klavierspielen gezwungen worden, also sollte die Tochter keinen Unterricht haben. Dabei wünschte diese sich das viel mehr als zu turnen. Als dann deren eigene Tochter sechs war, wehrte sie sich ihrerseits gegen jeden Musikunterricht und wollte lieber Volleyballspielen lernen. Da hatte die Mutter ein Aha-Erlebnis. Sie erfüllte der Sechsjährigen ihren Wunsch und nahm endlich selbst Klavierstunden.

Vielleicht setzen wir alles daran, dem Kind etwas zu bieten: Wir scheuen keine Mühen und Kosten. Wir bezahlen ihm den Musikunterricht oder das Ballett. Wir unterstützen seine Fähigkeiten, räumen ihm alle möglichen Freiheiten ein: So eng, wie früher bei uns, soll es bei meinem Kind nicht zugehen.

*Wer selbst eine glückliche, erfüllte Kindheit erlebt hat, wird dieses Gefühl auch an seine eigenen Kinder weitergeben können.*

## ERINNERUNGEN AN DIE KINDHEIT

*»An meine Kindheit erinnere ich mich gerne: Wir waren drei Jungs zu Hause bei meinen Eltern auf dem Land und hatten einen alten Hund. Tagsüber war meine Mutter für uns ansprechbar. Abends, wenn mein Vater aus der Bäckerei nach Hause kam, unternahm er fast immer was mit uns und war ganz für die Familie da.«* Frederick, 36 Jahre

*»Meine Eltern haben mich nie geliebt. Ich bin immer nur rumgestoßen worden. War viel bei Verwandten und durfte zu Hause gar nichts.«*

Manfred, 35 Jahre

*Stellen Sie eigene Vorlieben und Abneigungen zurück, wenn es darum geht, welche Fähigkeiten Ihr Kind vertiefen soll. Bevor Sie Ihr Kind damit überlasten, erfüllen Sie sich lieber selbst einen lang gehegten Traum.*

Nur bei der Dankbarkeit hapert es möglicherweise: Der Erfolg will sich manchmal nicht einstellen. Denn was für das Kind eine bestimmte Erziehungsmaßnahme bedeutet, das deckt sich nicht unbedingt mit unseren eigenen Kindheitswünschen.

### Das kenne ich doch

*Wem es gelingt, Parallelen zur eigenen Kindheit herzustellen, gibt sich damit selbst wertvolle Verständnis- und Handlungshilfen in einer aktuellen Erziehungssituation.*

Die eigene Kindheit begegnet uns im Umgang mit unseren Kindern auf Schritt und Tritt. Einen Vater hatten die Schulschwierigkeiten seines Sohnes ungeheuer aufgeregt. Bis er sich an die eigene Kindheit erinnerte, daran, was für ein Schrecknis es für ihn damals war, Extemporalien und Schulaufgaben zu schreiben und dem Druck standzuhalten. Danach konnte er etwas gelassener und mit mehr Verständnis mit seinem Sohn umgehen. Oder eine Mutter, die sich die Schuld an der Trennung vom Ehepartner gibt, überträgt den Trennungsschmerz des Kindes auf das Gefühl, das sie beim Tod ihres Vaters hatte.

Es kann helfen, sich die Parallelen zwischen der eigenen Kindheit und der des Sohnes oder der Tochter bewusst zu machen. Wenn man das auseinander hält, ist man eher in der Lage, dem Kind und seiner momentanen Situation gerecht zu werden.

**Anhand der alten Klassenfotos können wir uns rückbesinnen, wie unsere eigene Schulzeit war.**

Schauen Sie sich eines Ihrer eigenen Kinderbilder an und stellen

Sie sich die Fragen: Wie bin ich aufgewachsen? Habe ich mich von meinen Eltern geliebt und angenommen gefühlt? Woran denke ich gerne, woran nicht so gerne? Was habe ich in meiner Kindheit vermisst? Wann war ich einsam und traurig? Was machte mich glücklich? Wer hat mich unterstützt? Wem habe ich vertraut? Oder denken Sie einmal an den Unfug, den sie selbst begangen haben; da fallen Ihnen sicherlich zahlreiche Beispiele ein.

30

## KEIN HARMLOSER KNALLFROSCH

*»Eltern sollten vielleicht auch mal mehr dran denken, dass sie auch mal Kinder waren. Wenn man jetzt zum Beispiel mit Feuer spielt, dass die sich dann denken: Erstmal ruhig angehen, ich hab ja auch mal mit dem Chemiekasten gespielt.«*
*»Ich glaube, die haben früher noch viel schlimmere Sachen gemacht. Zum Beispiel der Bruder von meinem Vater, der hat mal Schwarzpulver in einen Fahrradlenker getan und ihn an beiden Seiten zugeschweißt. Da hat er dann eine Zündschnur drangemacht und das Ganze neben die Autobahn gelegt. Irgendwann ist das Ding in die Luft geflogen. Ich finde, einen kleinen grünen Knaller auf den Kanaldeckel zu werfen, ist da schon nicht so hart.«*
Max und Jakob, 10 Jahre

*»Welchen Unfug habe ich als Kind gemacht?« Wem es gelingt, sich an seine eigenen dummen Streiche in der Jugend zu erinnern, kann auch gelassener mit denen seiner Kinder umgehen.*

## Die eigenen Eltern als Vorbild?

Ein Vater berichtet: »Ich werde meinem eigenen Vater immer ähnlicher. Ich rege mich schnell auf, werde laut, und dann rutscht mir auch schon mal die Hand aus.« Die Autorin Helgard Roeder kam in einer Studie zum Thema »Eltern als Vorbild?« zu dem Ergebnis, dass 90 Prozent aller Männer, mit denen sie in der Untersuchung sprach, ihre Väter als Vorbilder ablehnten.
Ein Extrem fordert das andere heraus. Also wird alles anders gemacht: Es gibt keine Schläge, wir haben immer ein offenes Ohr und »Meine Mutter hat mir immer den Schmutz mit ihrer Spucke von der Backe geputzt. Das werde ich auf keinen Fall machen.« Spätestens bis wir unseren abgeleckten Finger zum Eigelb auf der Oberlippe des Sprösslings wandern sehen.

*Eine Untersuchung unter Männern hat ergeben, dass 90 Prozent der Befragten ihren Vater als Vorbild strikt ablehnen.*

31

**Angst ist das einfachste und zugleich grausamste aller Erziehungsmittel.**

»Meine Mutter hat uns immer gedroht und uns eingeschüchtert. Das wollte ich auf jeden Fall anders machen. Meine Kinder sollten angstfrei aufwachsen. Ich würde sie nicht so unter Druck setzen. Plötzlich ertappe ich mich dabei, wie ich sage: Und wenn du nicht sofort aufhörst zu schreien, dann kommst du unter die Dusche.« (Martina, 34 Jahre)

In ihrer neuen Rolle als Erziehende stellen viele Eltern erschrocken oder auch resigniert fest: Oh, das kenne ich doch aus meiner Jugend. Resigniert ist man oft deshalb, weil man sich plötzlich in einer fatalen Schicksalsfolge sieht. Ich kann gar nicht anders handeln als meine Mutter oder mein Vater, schießt es einem durch den Kopf. Ich komme aus diesem Verhaltensmuster gar nicht raus. Woher soll ich liebevoll und geduldig sein können, wenn ich es selbst in meiner Kindheit nicht gelernt und erfahren habe?

## Den eigenen Weg finden

*Was man in der eigenen Erziehung als positiv empfunden hat, kann man vielleicht auch für den Umgang mit den eigenen Kindern übernehmen.*

Die geschilderten Beispiele sind natürlich nur Facetten sehr vielschichtiger Verhaltensmuster. Denn es gibt nicht nur die zwei Möglichkeiten, sich entweder so zu verhalten, wie es die Eltern getan haben, oder ganz anders.

Es völlig anders zu machen, wäre nur eine Reaktion auf das Verhalten der Mutter oder des Vaters. Das Handeln wäre geleitet von dem Zwang, ganz anders sein zu müssen. Indem ich das Gegenteil von dem tue, was er oder sie getan hat, befinde ich mich weiter in Abhängigkeit von ihrem oder seinem Verhalten.

Wie so oft, könnte das Mittel der Wahl in der Mitte liegen: Was am Verhalten der Eltern gut war, warum sollen wir es nicht über-

nehmen? Was wir aber als weniger gut empfunden haben, können wir überdenken, um dann für uns in den betreffenden Fällen
einen anderen Weg finden.

»Zärtlichkeit, Umarmungen hat es bei uns früher nicht gegeben.
Ich kann mich nicht erinnern, dass meine Mutter mir mal einen
Kuss gegeben hat. Wir machen das mit unseren Kindern anders,
und sie kommen auch zu uns, um mit uns zu schmusen. Darüber
bin ich sehr glücklich.« (Mutter von zwei Kindern)

Nicht das Gleiche zu tun, was wir an unseren Eltern kritisieren,
ist natürlich möglich. Wir haben die Chance, einen anders gear-
teten Partner zu wählen als die Mutter, in einer anderen Umgebung zu leben, vielleicht auch selbstkritischer mit uns umzugehen, ohne gleich die Angst zu haben, deswegen an Ansehen zu
verlieren. Veränderung und Auseinandersetzung, sich die eigenen Wunden klarmachen, ist nur häufig mit Schmerz verbunden.
Möglich ist es aber.

Welche eigenen Kräfte habe ich in meiner Kindheit mobilisiert,
um nicht im Schmerz stecken zu bleiben? Welche Auswege habe
ich gefunden? Zum Beispiel lesen, einen geheimen Platz im

*Es kann hilfreich sein,
sich von Zeit zu Zeit
zu fragen: Verhalte ich
mich nur so, um es
auf jeden Fall anders
zu machen als meine
Eltern?*

**Wer nicht die Abgren-
zung von den eigenen
Eltern zum Erziehungs-
prinzip erhebt, hat es
leichter, ein entspann-
tes Verhältnis zwischen
den Generationen zu
finden.**

Baumhaus einrichten, zur Nachbarin rübergehen, der man nie lästig war, oder den Onkel besuchen, der immer Zeit für ein Gespräch und Verständnis hatte.

## Das Kind vor mir – das Kind in mir

*Wem es gelingt, sein inneres Kind zum Leben zu erwecken, baut damit eine Brücke aus Verständnis und Liebe zu seinen Kindern.*

Das Zusammensein mit Kindern mobilisiert das innere Kind. Eigene Erfahrungen, eigene Schmerzen, eigene Freuden. Kester Schlenz beschreibt für sich die Möglichkeit, selbst wieder Kind sein zu dürfen: »Noch in einer ganz anderen Hinsicht relativierte Henris Existenz das Kind in mir. Ich begann, mich wieder massiv für Spielzeug zu begeistern. Stundenlang blätterte ich in den Katalogen für sauteure Holzeisenbahnen ... In den Spielwarenabteilungen großer Kaufhäuser verwandele ich mich zum Beispiel regelmäßig ohne große Schwierigkeiten wieder in einen Zehnjährigen. Das ist doch schon mal was.«

Sein kleiner Sohn gibt ihm die Eintrittskarte in die Kinderwelt. Endlich kann der Vater ganz offen sein inneres Kind in der Spielwarenabteilung ausleben.

*Wer sich für die Welt seiner Kinder öffnet, findet nicht selten Zugang zum eigenen inneren Kind.*

»Wer mit Kindern zu tun hat – egal ob beruflich oder in der Fami-
lie –, der begegnet ständig zwei Kindern: dem Kind – oder den
Kindern – vor mir und dem Kind in mir.« (Jan-Uwe Rogge)
Immer wieder kommen die Erinnerungen: Das habe ich als Kind
auch gerne gemacht. – Das hätte ich auch gerne gehabt, oder:
Mein Kind ist viel freier und offener als ich in diesem Alter.
Und wenn ich mir dafür Zeit nehmen kann, ist es die Chance,
sich noch einmal mit der eigenen Kindheit zu befassen. Schmerz,
Trauer, Wut und Ängste kann ich vielleicht jetzt verarbeiten.
Wichtig dabei ist, dass ich mich selbst mit dem Kind in mir auseinander setzen muss. »An dem Kind vor mir kann ich es nicht
wieder gutmachen, dass meine Mutter mir mit ihren Drohungen,
mich in die Dunkelheit zu stecken, den Angstschweiß auf die
Stirn getrieben hat.« Das Kind in mir, das sind natürlich auch die
schönen, freudigen Erlebnisse. Momente, in denen ich glücklich
war, an die ich mich gerne erinnere.

*Wer sich seine eigene Kinderzeit in Erinnerung ruft, seine Gefühle und Reaktionen von damals nachempfinden kann, wird seine Kinder womöglich besser verstehen.*

»Schmerz und Trauer, Verzweiflung und Wut sind nicht über
Stellvertreter, sondern nur an mir selbst zu bewältigen. Je mehr
ich die eigene Kindheit annehmen, in ihrer ganzen Breite akzeptieren kann, umso eher kann ich das Kind vor mir und mich als
ganze Person, mit all ihren Anteilen, Meinungen und Gefühlen,
annehmen.« (Jan-Uwe Rogge)
»Lasst euch die Kindheit nicht austreiben!«, sagt der Kinderbuch-
autor Erich Kästner. Wer dem Kind in sich genug Aufmerksamkeit schenkt, der wird auch seine eigenen Kinder auf ihrem Weg
in die Selbstständigkeit unterstützend begleiten können.

## Die seelische Entwicklung

»Der Hauptreiz der Kindheit beruht darauf, dass alles, bis zu den
Haustieren herab, freundlich und wohlwollend gegen die Kinder
ist, denn daraus entspringt ein Gefühl der Sicherheit, das bei

dem ersten Schritt in die feindliche Welt hinaus entweicht und nie zurückkehrt.« (Friedrich Hebbel, 1813)

*In den ersten Lebensjahren wird der Grundstein für Selbstvertrauen und Selbstwertgefühl gelegt.*

Besonders in den ersten sechs Lebensjahren wird sozusagen der Grundstein für die weitere Entwicklung des Menschen gelegt. In dieser Zeit bildet sich Vertrauen oder auch Misstrauen, Selbstbewusstsein, die Fähigkeit, Liebe und Wärme zu geben und zu nehmen. Das bedeutet nicht, dass damit alles gelaufen ist, auch die folgenden Jahre sind noch von großer Bedeutung.

Der Jugendpsychiater Professor Dr. Gerd Lehmkuhl hat in einer Studie herausgefunden, dass die Vorboten des aggressiven Verhaltens im Jugendalter sich bereits in der frühen Kindheit zeigen. Als Hauptursachen sieht er das Verhalten der Eltern: Wenn sie ihren Kindern zum Beispiel nicht genügend Wärme und Geborgenheit vermitteln und ihre Erziehungsmaßnahmen weder beständig noch widerspruchsfrei sind.

### »Fett für die Seele«

*Eine Umfrage des Deutschen Jugendinstituts dazu, was Eltern für die wichtigsten Erziehungsziele halten, hat ergeben: Selbstvertrauen, Verantwortungsbewusstsein und Verständnis für andere.*

Ein fünffacher Familienvater fand den schönen Vergleich: »Fett für die Seele ist das Wichtigste, was man seinen Kindern mitgeben kann. Diese Kinder haut dann auch so schnell nichts um. Man merkt ihnen an, dass sie ein Polster haben. Ein Polster, das sie befähigt, in sich zu ruhen.«

Aber »Fett auf die Seele schmieren«, wie es der Vater formuliert hat, wie geht das?

Selbstvertrauen können Kinder entwickeln, indem man Vertrauen in sie setzt.

→ Das kann heißen, dass ich einem Eineinhalbjährigen zutraue, dass er alleine aus der Tasse trinken kann.

→ Die Dreijährige darf ihre Kleidungsstücke selbst aussuchen und sich dann alleine anziehen.

→ Eine Sechsjährige darf alleine ihren Freund, der gegenüber wohnt, besuchen.

36

→ Ich kann mein Kind ermutigen, auf einer Mauer zu balancieren, indem ich es ermuntere, ihm sage: Das kannst Du schon.

→ Ich kann es loben, wenn es ein schönes Bild gemalt hat oder sich zum ersten Mal seine Schuhe alleine zugebunden hat.

**Konfuzius, der älteste chinesische Pädagoge, forderte: Die Eltern sind verpflichtet, die Seele der Kinder zu prägen.**

## Lob stärkt das Selbstvertrauen

Lob hat noch keinem Kind geschadet. Dazu gehört natürlich, dass ich meine Kinder so annehme, wie sie sind. Dass ich sie nicht nach meinen Wünschen und Vorstellungen umzukrempeln versuche. Finden Sie heraus, wo die Neigungen Ihrer Kinder liegen. Sorgen Sie dann für anregenden Stoff und Betätigungsmöglichkeiten entsprechend dieser Vorlieben.

Ein wichtiges Erziehungsziel könnte sein, den Kindern dabei zu helfen, ihren eigenen Weg zu finden. Und das ist gleichzeitig das Einfachste und auch das Schwerste.

*Wer sein Kind lobt, zeigt damit, dass er es liebt und ihm vertraut. Und Vertrauen fördert das Selbstvertrauen.*

# Kinder sind ganze Menschen

Jedes Kind hat seinen eigenen Kopf. Es ist eine Persönlichkeit, die man ernst nehmen muss.

*Kleine Kinder brauchen noch Hilfe. Aber deshalb sollten die Eltern sie niemals als ihr Eigentum betrachten.*

»Eure Kinder sind nicht eure Kinder. Sie sind die Söhne und Töchter der Sehnsucht des Lebens nach sich selbst. Sie kommen durch euch, aber nicht von euch. Und obwohl sie mit euch sind, gehören sie euch doch nicht. Ihr dürft ihnen eure Liebe geben, aber nicht eure Gedanken … versucht nicht, sie euch ähnlich zu machen.«
*Aus: Khalil Gibran, Der Prophet*

## Zu jeder Zeit für voll nehmen

Brause, Bonbon, Kaugummis oder Gebäck sind die Objekte der kindlichen Begierde, die Jungen und Mädchen mit den ersten paar Groschen käuflich erwerben können. Haben sie ihre Eltern

38

um ein bisschen Bares erleichtert, geht es ab in die nächste Bäckerei oder zum nahegelegenen Kiosk. Sehnsüchtig waren vorher schon die Auslagen begutachtet worden. Und jetzt stehen sie da, können kaum über den Tresen gucken und warten, dass sie an der Reihe sind. Aber als die ältere Dame, die vor ihnen bedient worden ist, zufrieden mit ihrem Baguette den Laden verlässt, sagt die Verkäuferin zu dem Mann, der erst nach ihnen gekommen und eigentlich noch nicht dran ist: »Bitte schön, der Herr!« Das Kinderherz rutscht in den Keller, der Sechsjährige beißt sich auf die Lippe, und er wagt nicht zu sagen: »Entschuldigung, ich bin jetzt dran.«

## Die Würde der Kinder achten

Viele von uns kennen diese Situation aus der eigenen Kindheit. So sind sie damals auch von Erwachsenen behandelt worden, die einfach davon ausgehen, dass ein Kind warten kann. Es hat Zeit und, ehrlich gesagt, soviel Geld wie der vornehme Herr hat es bestimmt nicht. Solche Situationen sind im Kinderalltag leider viel zu häufig. Zu Hause heißt das dann vielleicht: Da kannst du noch nicht mitreden, dafür bist du noch zu klein oder so ähnlich.

Auch im öffentlichen Leben werden Kinder häufig als halbe Menschen angesehen. Das zeigt sich bei der Einrichtung von Wohnungen wie auch im Städtebau: Lichtschalter oder Waschbecken sind viel zu hoch angebracht, Spielplätze sind knapp. Auf dem Land gibt es oft keine Busverbindungen nach Schulschluss. Das macht es Kindern schwer, nachmittags zum Sport oder zu Freunden zu kommen. Auch Spielstraßen, in denen Autos Schritt fahren müssen, weil hier Kinder leben, sind eher eine Seltenheit. Das Kinderhilfswerk der UNO, die Unicef, beklagt, dass Regierungen bei Kindern sparen, um die wachsenden Kosten für das Gesundheitssystem und die Renten zu finanzieren.

*Im täglichen Leben ein Kind wahrzunehmen und es nicht auf die Seite zu drängen, gehört eigentlich zum selbstverständlichen Respekt, den man seinem Mitmenschen entgegenbringt. Kinder sind schließlich keine kleinen Erwachsenen, aber sie sind auch keine halben Menschen.*

39

Die Bewohner der Slums können ihre Kinder nicht mehr aus eigener Kraft versorgen. Sie werden zu Straßenkindern.

## Kinder – ein Armutsrisiko

*Das Wesen einer Gesellschaft zeigt sich daran, wie sie mit ihren Kindern umgeht. In Deutschland leben über zwei Millionen Kinder unterhalb der Armutsgrenze.*

»Kinder sind in Deutschland das Armutsrisiko Nummer eins. Bei uns leben 2,2 Millionen Kinder unterhalb der Armutsgrenze, 500 000 wohnen in Obdachlosenheimen. Die Sozialhilfe, von der jedes siebte Kind lebt, liegt unter dem Existenzminimum. Viele Kindertagesstätten haben zu große Gruppen und schlecht ausgebildete Erzieher, um den Rechtsanspruch auf einen Kindergartenplatz zu erfüllen.« (Sven Borsche, Sprecher der National Coalition für die Umsetzung der UN-Kinderrechtskonvention in Deutschland, März 1998)

Ein Beispiel für die geringe Beachtung von Kindern findet sich auch in der Kinder- und Jugendtheaterkultur. So herrscht landläufig die Meinung: Für Kindertheaterstücke brauchen wir keine Profis, da reichen auch Laienschauspieler. Oder: Ein Kinderstück muss nicht von einem ganzen Orchester begleitet werden, ein Pianospieler allein tut's auch.

»Der Mensch ist in jedem Stadium seiner Entwicklung, ob er vier oder 34 Jahre alt ist, ein ganzer Mensch und hat Anspruch auf professionelle Kunst und Kultur. Das heißt für uns: Wir arbeiten mit voller Kraft und vollem Einsatz. Kinder haben ein Anrecht auf professionelle Kunst, Kultur und Unterhaltung, nicht nur auf billige Belustigungsvorstellungen.« (Klaus Schweizer, Kinder- und Jugendtheatermacher)

## Eine eigene Sprache?

Eine weitere Marotte, die viele Erwachsene im Umgang mit kleinen Kindern haben, ist das Benutzen einer Babysprache oder eines Kauderwelsch, das sie dafür halten. Hat eine junge Mutter sich gerade noch ganz normal und freundlich mit mir unterhalten, vernehme ich plötzlich ein Krächzen und Piepsen, ich denke an ein aufgescheuchtes Huhn oder einen Papagei und blicke sie ganz verwundert an.

An der Personenkonstellation hat sich nichts verändert. Es steht immer noch dieselbe Mutter mit demselben Kind bei mir. Nur hat sich die Mutter dem Kind zugewandt und redet mit ihm. Piepsend und krächzend meint sie, müsse sie ihrem Zweijährigen klarmachen, dass man sich jetzt von der Tante verabschiedet habe und im Supermarkt noch eine »Milli, Milli« holen müsse. Der Zweijährige scheint das schon zu kennen und blickt lieber interessiert einem Auto hinterher.

*Der Mensch ist in jedem Stadium seiner Entwicklung ein ganzer Mensch, ob er noch ein Kleinkind oder schon weit über 80 Jahre alt ist.*

## Dialog von Anbeginn

Die Gebrüder Davidson, der eine Kindertherapeut, der andere Personalberater, haben in vielen Interviews mit Eltern herausgefunden: Wenn wir glückliche, umgängliche Kinder erziehen wol-

41

len, ist das Wichtigste eine respektvolle Behandlung der Kinder, auch wenn sie noch klein sind – genau so, wie wir als Erwachsene auch behandelt werden wollen. Sie zitieren eine Mutter: »Nach Annes Geburt im Krankenhaus hielt ich sie im Arm und redete mit ihr. Eine Krankenschwester betrat mein Zimmer und sagte: Sie sind eine gute Mutter. Ich fragte sie, was sie damit meine. Sie erwiderte, dass es sie immer wieder überrasche, wie viele Mütter zu ihren neugeborenen Kindern kein einziges Wort sagten. Sie hatte das Gefühl, dass sie ihre Babys nicht als hochintelligente Menschen respektierten, die bestrebt sind, die Welt kennen zu lernen, und die vom Tag ihrer Geburt an eine würdevolle Behandlung verdienen.«

*Respekt vor den Wünschen der Kinder haben, ihnen ihre Würde lassen, das heißt: Bevor man eine Maßnahme anwendet, zuerst den Hintergrund von Weigerungen und Forderungen ausleuchten.*

## HARTE BANDAGEN

*»Meine dreieinhalbjährige Tochter wollte unbedingt mittags im Kindergarten bleiben. Ich wollte das nicht. Sie soll nach Hause kommen und dann ihre Ruhe haben. Was ich völlig übersehen hatte: Die anderen Mädchen in ihrem Alter blieben über Mittag, und durch das frühe Abholen erschwerte ich es ihr dazuzugehören. Das Bedürfnis nach Ruhe war vielleicht sogar eher meines als ihres.«*

Eine Mutter

*Wer seine »unumstößlichen« Erziehungsprinzipien einmal hinterfragt, entdeckt dahinter manchmal Dinge, die man an sich selbst vermisst.*

*»Mein Kind kommt nicht auf die Straße, wenn es die Schularbeiten nicht gemacht hat. Das muss es doch einsehen. Ohne Schularbeiten kein Fußball. Da bin ich knallhart. Es soll ihm später nicht so gehen wie mir. Ich kann kein Französisch und kein Englisch und habe beruflich weniger Möglichkeiten gehabt. Im Urlaub verstehe ich außerdem immer nur Bahnhof.«*

Mutter, zwei Kinder

# Ich will ja nur dein Bestes

»Denn wir können die Kinder nach unserem Sinne nicht formen; so wie Gott sie uns gab, so muss man sie haben und lieben.« (Goethe)

Alles Mögliche sind wir bereit mit der Begründung zu entschuldigen, nur das Beste für das Kind zu wollen: Da wird – häufig mit Druck – versucht, dem Turnkünstler das Lesen schmackhaft zu machen, dem Computerfreak werden Reitstunden verordnet und dem Schlagzeugfanatiker Gei-

**Gut für unsere Kinder ist nicht nur das, was ihnen nützt, sondern auch das, was einfach Spaß macht.**

genunterricht. In der festen Überzeugung, nur das Beste zu wollen, kommt es zu mannigfaltigen Kontrollen und Grenzüberschreitungen der Erwachsenen: Da muss das Kind stundenlang am Tisch sitzen, bis der letzte Rest Spinat oder Rosenkohl gegessen ist. Da soll auch der erklärte Vegetarier im Teenageralter eine Portion Fleisch runterwürgen. Da werden, gerade bei kleineren Kindern, die Körperöffnungen nach Zysten, Bläschen, Pusteln untersucht.

Haben Sie Respekt vor dem Kind, vor dem Kind als ganze Person, vor seinem Körper und seiner Seele.

## Ein bisschen Spaß muss sein

»Also, ein bisschen Spaß sollte man natürlich auch haben; und nicht den ganzen Tag lernen und pauken und so. – Dann vergisst man das Spielen, und das ist immer noch das Wichtigste.« (Max und Jakob, 10 Jahre).

Natürlich wollen wir für unser Kind nur das Beste. Aber: Was ist das Beste? Wer entscheidet das? Oft wundern sich Eltern, dass ihre Kinder taube Ohren bekommen, sobald das Thema Schule auf den Tisch kommt. Die Frage ist: Warum? Vielleicht kümmere ich mich in meiner Angst: »Der Junge schafft die Schule nicht«,

*Das Wichtigste für Kinder ist, wenn sie mit Liebe erzogen werden. Das heißt aber nicht, dass man sie mit seinen Gefühlen ersticken soll.*

*Ein Kind kann seine Fähigkeiten nicht entwickeln, wenn es sich bei allem, was es tut, einem Leistungsdruck ausgesetzt fühlt.*

gar nicht mehr um den Jungen selbst. Vielleicht würde er ganz anders reagieren, wenn ich Interesse am Fußball oder an anderen Dingen bekunde, die ihn im Moment mehr beschäftigen. Klar, dass die Kinder immer dann die Ohren runterklappen, wenn Gespräche in ein Abfragen, Kontrollieren oder Drängen abzudriften drohen. Wo soll das Kind sein Lebenselixier hernehmen, wenn ihm parallel dazu das, was es gerne macht, untersagt wird? Auf der anderen Seite: Wie soll es seine Fähigkeiten entwickeln, wenn es bei dem, was es tut, ständig unter Druck steht? »Wer über Kinder redet und das Beste für sie will – du sollst es einmal besser haben! –, der sieht über sie hinweg, der über-redet sie.« (Jan-Uwe Rogge)

### Unterredung mit allen Beteiligten

*»Für die Schularbeiten könnte man zum Beispiel ganz bestimmte Zeiten ausmachen, wo dann ganz konkret gearbeitet werden muss.«*
Max und Jakob, 10 Jahre

Wenn ein Gespräch zwischen Eltern und Lehrern stattfindet, wäre es da keine gute Idee, wenn dieses Gespräch im Beisein der Kinder geführt würde? So können die Kinder auch ihre Sicht der Dinge darstellen, ihre Argumente einbringen. Sie werden nicht überredet und haben die Chance, selbst mitzubestimmen, wie mit den Schulschwierigkeiten umgegangen werden kann.

### »BELOHNUNGEN« SIND WICHTIG

*»Meine Mutter hatte uns versprochen: Wenn ihr eine Fünf schreibt, gibt's ein Eis. Bei einer Sechs gehe ich mit euch in der Stadt in ein Café zum Kuchenessen. Einmal hab ich dann tatsächlich eine Sechs geschrieben. Den Ausflug mit meiner Mutter alleine ins Café habe ich sehr genossen. Danach hab ich allerdings keine Sechs mehr geschrieben.«*
Martha, 37 Jahre

44

## Ist meine Erziehungspraxis noch o.k.?

Versuchen Sie, sich zu fragen: Ist das jetzt wirklich unumgänglich, dass das Kind dieses oder jenes Ziel erreicht, dass es Blumenkohl und Spinat isst, obwohl es das nicht mag? Könnte es womöglich einmal selbst darüber entscheiden?

Sind bestimmte erzieherische Maßnahmen jedoch unumgänglich, findet sich vielleicht noch ein neuer Zugang, um etwas zu vermitteln. Eine spielerische Variante zum Beispiel kann es sein, mit Buchstaben-Aufkleben dem Kind das Lesenlernen zu erleichtern.

**Auch schwierige Lernprozesse wie das Lesenlernen lassen sich mit Spaß erleichtern.**

## Am liebsten würde ich ihm das ersparen

Beulen am Kopf, Streit mit den Kumpels, Ärger in der Schule ... Manchmal würden wir unseren Kleinen am liebsten all diese schlimmen Erfahrungen vom Leibe halten. Deshalb jedoch wie eine Henne auf seinen Kindern zu glucken, sie zu Hause zu isolieren, ihnen jede Mühe abzunehmen, hat nur den gegenteiligen Effekt: Halten wir sie aus allem raus und halten wir alles von unseren Kindern fern, ersparen wir ihnen auch die guten Erfahrungen. Wir nehmen ihnen damit die Möglichkeit zu lernen, sich beispielsweise behutsam und geschickt auf dem Klettergerüst zu bewegen, dass Streit wichtig sein kann, um etwas zu klären, und man sich auch wieder versöhnen kann oder dass eine Auseinandersetzung mit dem Lehrer ein fruchtbares Gespräch nach sich ziehen kann.

*Mit Misserfolgen umgehen will gelernt sein. Auch schlechte Erfahrungen haben einen positiven Effekt auf die Entwicklung eines jungen Menschen. Es verhilft dazu, eigene Entscheidungen zu treffen.*

45

## Freiräume schaffen!

*Kinder brauchen Ruhe und Entspannung – Zeit für sich, Zeit, um etwas Neues auszuprobieren. Sorgen Sie dafür, dass Ihr Kind beim Spielen ungestört ist.*

Die lieben Kleinen auf Watte zu betten, nützt nicht viel. Es bewirkt möglicherweise, dass wir den Kindern unsere Ängste oder Unfähigkeiten, mit schwierigen Situationen umzugehen, weitervermitteln. Kinder brauchen Raum zum Experimentieren, Raum, den sie frei gestalten können, der auch nicht durch ein straff durchorganisiertes Unterhaltungsprogramm, Judo, Flöten- und Computerkurs so ausgefüllt ist, dass es gar keine Möglichkeit zum Selber-etwas-Machen, Ausprobieren oder Ausruhen gibt.

»Geben Sie Ihrem Kind eine Ecke des Zimmers oder einen Schrank oder ein Stück Wand, die es beschmieren, saubermachen oder bemalen kann, entsprechend seiner inneren Verfassung, seiner Phantasie und seiner Laune.« (D.W. Winnicott, Kinderanalytiker)

Wenn die Kinder in Ruhe spielen, dann soll man sie auf gar keinen Fall stören. Nur so lernen sie, in sich Ausgeglichenheit zu finden, sich über einen längeren Zeitraum auf eine Sache zu konzentrieren und eigene Ideen umzusetzen.

*Kinder brauchen Freiräume, die ihnen ganz und gar zur Verfügung stehen.*

## Die Freunde der Kinder annehmen

Ein 38-Jähriger beklagt sich heute über seine Jugendzeit: »Ich durfte als Kind nichts alleine machen. – Während die Gleichaltrigen auf der Straße rumtobten und schon Fahrrad fahren konnten, hatte meine Mutter Angst, mich überhaupt vor die Tür zu lassen. So hatte ich auch nie Kontakte.«

Wenn die Kinder älter werden, wollen wir sie noch vor ganz anderen Dingen bewahren: Vor schlechtem Umgang, vor Alkohol und Drogen, überhaupt davor, auf die schiefe Bahn zu geraten.

Wenn Eltern spüren, dass diese Themen aktuell sind, geraten sie manchmal in Panik und verbieten schlechten Freunden das Haus, in der Illusion, wenn der Anstoß des Übels aus ihrem Gesichtsfeld verbannt ist, dann ist dieses auch weg.

Mehr Erfolg verspricht meist, wie eine Mutter von drei heute erwachsenen Kindern sich in solchen Situationen verhalten hat. Sie berichtet: »Ich war zu den Freunden meiner Kinder immer ganz besonders nett. Ich habe alle mir auch noch so schräg erscheinenden Typen zu Kaffee und Kuchen eingeladen. Da kannte ich wenigstens den Umgang meiner Töchter. Ich wusste, du darfst sie auf keinen Fall schlecht machen. Die Freunde madig zu machen bewirkt ja häufig, dass die Kinder noch mehr an ihnen festhalten. So verloren sie meist von selbst das Interesse.«

*Loslassen fällt oft schwer. Geben Sie dem Kind die Gelegenheit, so viel wie möglich selbst auszuprobieren. Wer Kinder vor allem schützen und alles von ihnen fernhalten will, macht sie unsicher und unselbstständig.*

## Viel kümmern ist nicht gleich viel Liebe

Für jedes Alter gilt: Es muss durchlebt werden. Wir können unseren Kindern bestimmte Erfahrungen nicht abnehmen. Wir meinen es gut, wenn wir bei den Schularbeiten ständig dabeisitzen, das Kind überall hinkutschieren, springen, wenn es einen Wunsch äußert, dem Sohn mit 14 Jahren noch jeden Abend die Badewanne einlaufen lassen, wenn er vom Fußballtraining

*Bestimmte Erfahrungen im Leben können wir unseren Kindern nicht abnehmen – sie müssen sie selbst machen.*

**Viele Kinder hören nicht zuletzt deshalb Walkman, weil sie sich dadurch ganz dem elterlichen Einfluss entziehen können.**

kommt. Es hat aber nicht den gewünschten Effekt. Was wir bewirken ist Unselbstständigkeit und Lebensuntüchtigkeit. Wir halten unser Kind lediglich klein, vielleicht, weil wir es gerne noch etwas länger klein hätten. Möglicherweise fühlen wir uns selbst wichtig, wenn wir für so ein unselbstständiges Wesen die wichtigste Rolle spielen, und machen auf Kosten der Kinder Kratzer im eigenen Selbstbewusstsein wett. Seinen Sprösslingen alles abzunehmen, ist falsch verstandene Liebe.

»Ich habe nie Zeit für mich. Haushalt und Kinder beanspruchen mich den ganzen Tag. Manchmal habe ich den Verdacht, es liegt auch ein bisschen an mir. Wenn ich die Kinder nämlich mal eine Stunde allein spielen lasse und sie kommen gut klar, ist es mir auch nicht recht. Irgendwie meint man dann gleich, man wäre überflüssig oder nicht mehr so wichtig.« (Mutter, drei Kinder)

### Rechtzeitig loslassen können

*Das Loslassen der eigenen Kinder ist keine leichte Übung, aber sie bringt auch uns selbst weiter.*

Wenn ich das Gefühl habe, nicht loslassen zu können, hilft vielleicht die Frage: Was wäre mit mir, wenn das Kind häufiger seine eigenen Wege ginge?

→ Will ich mein Kind an mich binden, um nicht einsam zu sein?
→ Soll mein Kind mir etwas geben, was ich von meinem Partner nicht bekomme?
→ Kann ich mir mein Leben vorstellen, wenn der Sprössling aus dem Haus ist?

Weniger ist in manchen Fällen mehr. Die Kinder selber machen zu lassen, bietet uns und ihnen neue Freiräume. Natürlich muss es dabei um altersgemäße Freiräume gehen: Eine Zweijährige kann noch nicht alleine über die Straße zu den Nachbarskindern laufen und ein Dreijähriger noch nicht unbedingt seine Schuhe zubinden. Aber ein Sechsjähriger kann sich durchaus auch einmal ohne Hilfe an seine Schulaufgaben machen, und eine Neunjährige kann auch schon ohne Begleitung mit dem Bus fahren, bei Tageslicht natürlich.

*Wenn man dem Kind seinem Alter gemäße Freiräume lässt, profitieren davon sowohl die Eltern als auch die Kinder.*

## Ich bin hier – du bist da

»Einander kennen lernen, heißt lernen, wie fremd man einander ist.« (Christian Morgenstern)

Spätestens, wenn die Kinder in die Pubertät kommen, werden Abstände neu überprüft und verändert. Viele Eltern hatten bis zu dieser Zeit das Gefühl, mit ihren Kindern gut zurecht zu kommen: Sie gingen zum Klavierunterricht oder spielten Basketball, am Wochenende fuhren sie mit zur Oma, und in der Schule gab es kaum Probleme.

Jetzt haben sie zu all diesen Aktivitäten keine Lust mehr, sitzen manchmal stundenlang in ihrem Zimmer, und kein Mensch weiß, was die Jugendlichen da machen. Über die Schule erfährt man von ihnen gar nichts mehr, in ihrer freien Zeit gehen sie ihre eigenen Wege, und auf Nachfrage gibt es nur die mürrische Antwort: »Lass mich in Ruhe«. Das ist eine schwere Phase für Eltern und Kinder gleichermaßen, in der außerdem vonseiten des Kindes eine neue Fremdheit aufkommt.

Auch zwischen Eltern und kleinen Kindern gab es schon immer mehr Fremdheiten, als bisher angenommen worden ist: So glaubte man lange Zeit, das Baby empfinde sich als eins mit der Mutter und habe ein undifferenziertes Gefühlsleben. Das ist eine Verkennung der Tatsachen: Heute weiß man, dass der Säugling die

*Abstände und Grenzen sind ständig in Bewegung, sie verändern sich mit jeder Altersstufe. Die schwerste Phase in der Entwicklung eines jungen Menschen ist für Eltern und Kinder die Zeit der Pubertät, in der auch eine neue Fremdheit einsetzt.*

ihn umgebende Welt und sich selbst von Anfang an eher als geordnet und nicht als Chaos empfindet. Der Säugling nimmt sich als ein durchaus abgegrenztes und eigenständiges Wesen gegenüber seiner Mutter wahr.

## Grenzen wahren

*Eine besondere Bedeutung hat gerade bei pubertierenden Jugendlichen die Nähe-Distanz-Grenze. Zwingen Sie Ihr Kind nie zu Zärtlichkeiten.*

So wie wir unsere Grenzen von anderen gerne gewahrt sehen, sollten wir gerade gegenüber Kindern die gedachten Trennlinien aufrechterhalten. Eine ganz wichtige Rolle spielt da von Anfang an die Nähe-Distanz-Grenze.

In einer Gruppe mit Eltern von pubertierenden Jugendlichen haben wir über die Art, Zärtlichkeiten auszutauschen, gesprochen: Eine Teilnehmerin erzählte, sie habe früher mit ihren Eltern niemals geschmust. Das war ihrer jüngeren Schwester vorbehalten. Ihr habe man bedeutet, sie sei zu groß dafür. Sie selbst schmuse jetzt mit ihren beiden Töchtern, auch wenn die eine ihr signalisiert, dass sie das nicht will, lege sie sich neben sie und sage: »Jetzt bist du dran.« Andere in der Gruppe protestierten dagegen und bestanden darauf, dass das Kind auch die Möglichkeit haben müsse, nein zu sagen.

*Ein einfacher Weg zur gegenseitigen Verständigung: Stellen Sie dem Kind Fragen, wenn Sie herausfinden wollen, was es möchte. So können Sie Missverständnisse vermeiden und am besten auf seine Wünsche eingehen.*

Auf unsere Frage: Wie kann ich erkennen, was mein Kind will, kommt spontan die Antwort: Ich kann es fragen. Und wie ist das bei Erwachsenen? – »Da geht es mehr durch Spüren«, meint eine Teilnehmerin. Mein Vorschlag, auch seinen Partner zu fragen, stößt auf Erheiterung. Andererseits: Die Bedürfnisse der Kinder zu erspüren, scheint sehr viel schwerer zu sein. Warum? Hören wir bei ihnen nicht so genau hin, weil wir sie nicht als ganze Menschen wahrnehmen? Nehmen wir ein Wegstoßen nicht so schwer, oder gehen wir einfach über eine Ablehnung hinweg? Sind wir uns unsicher, ist Fragen auf jeden Fall eine gute Möglichkeit.

In allen menschlichen Beziehungen ist ein harmonisches Verhältnis von Nähe und Distanz wichtig.

## Das Widerspiel von Nähe und Distanz

»Lernen sich zwei Menschen kennen, siezen sie sich. Irgendwann machen viele dann den fatalen Fehler, sich zu duzen.« (Nick Berk, Psychotherapeut)

Das Duzen ist hier im übertragenen Sinne zu verstehen und kein Angebot der Freundschaft. Das Duzen ist eine Grenzüberschreitung, und Nick Berk bezeichnet es in seinem Beispiel deshalb als fatalen Fehler, weil damit die Distanz zwischen Menschen aufgehoben wird und sie dadurch den Respekt voreinander verlieren könnten. Dies soll kein Plädoyer gegen menschliche Nähe sein. Eine Grenzüberschreitung aufeinander zu ist schließlich etwas Positives, nur muss die »Chemie« zuvor stimmig sein, und der Wille zur Grenzüberschreitung auf beiden Seiten vorhanden sein. Die Kindertherapeutin Carola Schuster-Brink macht darauf aufmerksam, dass Kinder zwar niemanden siezen, aber noch längst nicht jeden duzen. Wen kleine Kinder in ihre Welt hereinlassen, »bei dem haben sie das Du in der Person entdeckt. Mit diesem Du können sie sogar teilen.«

*Die Welt kleiner Kinder besteht aus den Eltern und Geschwistern. Ihre Erfahrungen haben sie mit dem »Ich« und dem »Wir«. Wer in der Familie Geborgenheit erfährt, findet auch den richtigen Weg zum »Du«.*

51

# Hier ist Schluss!

Einen Schlussstrich setzen und »Stopp« sagen, das heißt auch, Halt geben. Um das zu erreichen, gibt es in der Erziehung von Kindern verschiedene Möglichkeiten: Klarheit, Konsequenz, Geradlinigkeit und Vorbild sein – das sind wichtige Säulen, mit denen ich Halt geben kann. Dazu gehört: ein Kind vom ersten Tag an als ganzen Menschen wahrzunehmen und zu behandeln.

*Die Kleinen dürfen nicht alles in den Mund nehmen.*

## Möglichkeiten, um Halt zu geben

*Kinder sind grenzenlos! Sie haben wenig Erfahrung und können die Folgen ihres Tuns nicht abschätzen. Da müssen wir Erwachsene ihnen den nötigen Halt geben.*

Loslassen, respektieren, achten, Gefühle und Wünsche eines anderen erspüren, das bedeutet nicht: grenzenlos sein. Im Gegenteil, es geht darum, Grenzen zu achten und Grenzen zu setzen.

Einem Kind keine Grenzen zu setzen, dem Zweijährigen nicht den Zucker wegzunehmen, wenn er beginnt, ihn löffelweise zu sich zu nehmen, das Kind auf einer Mauer balancieren zu lassen, obwohl es dahinter zehn Meter in die Tiefe geht, ihm nicht klarzumachen, dass man nicht von ihm gehauen oder getreten werden möchte, hieße lediglich es zu überfordern, es Gefahren auszusetzen, ihm keinen Halt zu bieten, vor sich selbst keine Achtung zu haben. Halt geben, das heißt aber immer auch, die Persönlichkeit des Kindes zu achten.

52

# Von Prinzessinnen und Prinzen

Viele Eltern verlieben sich in ihre Kinder, jede Regung der Kleinen wird mit Entzücken aufgenommen. Über die Größeren erzählen Vater und Mutter mit stolzgeschwellter Brust, was sie schon alles können: Meine dreieinhalbjährige Tochter macht einen Purzelbaumüberschlag, ich bin begeistert, das kann ich selbst nicht, hätte ich viel zu viel Angst. »Na und?« fragt sich mancher Außenstehende gehässig, »Was ist das Besondere dabei? Machen andere doch auch.«

Nachvollziehbar ist das für den Angesprochenen häufig nicht. Muss es auch nicht sein. Denn für das Kind ist es umgekehrt von allergrößter Wichtigkeit, dass seine Eltern ihm zusehen und seine Leistungen lobend anerkennen.

Kinder, die auf dem Spielplatz friedlich für sich alleine spielen, solange eine fremde Aufsichtsperson dabei ist, verwandeln sich in unruhige Stehaufmännchen, wenn Mama oder Papa ins Bild kommen: »Guck mal Mama, was ich kann.« Die Eltern sind es, denen sie gefallen wollen, um deren Anerkennung sie sich bemühen. Von ihnen suchen sie die Bestätigung: Ich bin richtig.

Für Eltern, die sich in ihre Kinder verlieben, sind sie Prinz und Prinzessin, und das ist auch gut so. Sie freuen sich über Erfolge und Entwicklungsschritte ihrer Sprösslinge.

*Das Gefühl, geliebt zu werden, gibt Sicherheit. Liebe kann aber auch blind machen!*
*Und das schafft Probleme: Wenn ich es nämlich vor Begeisterung über mein fabelhaftes Kind versäume, ihm Regeln zu geben und ihm Grenzen zu setzen.*

## Wenn Liebe blind macht

Problematisch wird es, wenn die Liebe die Augen verschließt. Wenn ich vor lauter Entzücken über mein tolles Kind vergesse, ihm Grenzen zu setzen und Regeln zu geben. Vielleicht ist es auch die hektische Situation, die mich dazu bringt, fünf gerade sein zu lassen. Oder der kleine Liebling lächelt mich so entzückend an, wie soll ich da noch böse sein?

Wenn sich mein Sprössling zum Kinderschreck entwickelt, rück-

53

*Seien Sie gerecht, und unterstützen Sie in einem Streit Ihr Kind nur, wenn es auch wirklich im Recht ist. Es lernt dann besser, sich im Leben zu behaupten.*

sichtslos bei jedem Treffen die anderen verprügelt, mit dem Ergebnis, dass alle Kinder heulen und mein Prinz lächelnd um die Ecke kommt. Spätestens dann braucht er keine Anerkennung und kein Lob mehr. In einer solchen Situation nur zu sagen: »Du böser Bub« und ihn gleichzeitig lächelnd auf den Arm zu nehmen, hat nicht den gewünschten Effekt. Im Gegenteil: Der Junge wird lediglich in seinem Rabaukentum bestärkt und in der nächsten ähnlichen Situation das gleiche Verhalten an den Tag legen. Aber manche Eltern bringen es dann einfach nicht fertig zu sagen: »So nicht!« und ganz klar eine Grenze zu signalisieren. Warum, was macht ihnen da so große Schwierigkeiten? Vielleicht ist ihnen das Grenzensetzen einfach zuwider, weil sie selbst in ihrer Jugend zu viele falsche gesetzt bekommen haben. Vielleicht liegt es auch daran, dass das Kind die Selbstliebe der Eltern befriedigen, sprich, vor allem eine Erweiterung des eigenen Egos sein soll. Oder sie denken insgeheim: Hauptsache, mein Sohn gewinnt. Was mit den anderen ist, ist mir egal. Vielleicht macht Liebe tatsächlich blind.

*Kinder, die ihre Belange früh selbst in die Hand nehmen können, haben es später auch leichter, ihre Standpunkte selbst zu vertreten.*

## Voreingenommen für den Nachwuchs

Einen Gefallen tue ich meinem Kind jedenfalls nicht, wenn ich stets für es Partei ergreife. Ich mache es mit einem solchen Verhalten nur lebensuntüchtig, weil es nicht bei Zeiten lernt, mit Konflikt- und Konkurrenzsituationen umzugehen. Spätestens wenn das Kind sich in der Schule behaupten muss und dort von den Mitschülern und

Lehrern nicht das gewohnte Lächeln und Schulterklopfen für seine Missetaten bekommt, hört der Spaß auf. Es wird verunsichert, ausgegrenzt und reagiert möglicherweise mit körperlichen Symptomen oder will nicht mehr zur Schule gehen.

Dem Kind, das rücksichtslos jede Kindergesellschaft aufmischt, muss ich klarmachen: Hier ist Schluss! Das heißt, ich lobe und beachte es nicht für sein Verhalten. Ich lächle es auch nicht an. Ich kümmere mich um das andere Kind, dem es an den Haaren gezogen hat, lasse den Missetäter links liegen.

*Verhält sich ein Kind rücksichtslos gegen andere, sollte es dafür nicht »belohnt« werden.*

## Festigkeit ist keine Bosheit

»Allen Forderungen eines Kindes nachzugeben, ist kein Akt der Liebe.« (Davidson)

Für Eltern ist das Grenzensetzen häufig schwierig, weil sie sich als Buhmann fühlen und von ihren Kindern auch dazu gemacht werden. Vielleicht haben sie auch Angst, die Liebe ihres Sprösslings zu verlieren. Eine Mutter erzählt: »Unser Kleiner ist immer auf mich losgegangen, sobald er ein Nein gehört hat. Er hat geschrien, sich auf den Boden geschmissen oder jämmerlich geweint. Es war sehr schwer, das auszuhalten.«

Vielleicht hilft es, sich klarzumachen, dass Grenzen setzen nichts mit Boshaftigkeit zu tun hat. Sinnvolle Grenzen werden Kinder mit Dankbarkeit quittieren, denn sie geben eine Ordnung vor, an die sie sich halten und woran sie sich weiterentwickeln können. Grenzen haben zwei Seiten: Wenn Kinder wissen, wann sie nach Hause kommen dürfen, wissen sie auch, wie lange sie ausbleiben dürfen. Und sie wissen noch mehr, nämlich, ich bin meinen Eltern nicht egal. Meine Eltern interessieren sich für mich, sie wollen wissen, wo ich bin, was ich tue.

Es ist ein Akt der Liebe, auch das Gequengel und den Unwillen der Kinder auszuhalten. Das heißt: Wenn ich es als sinnvoll

*Wenn Kinder begreifen, dass eine Grenzziehung keine willkürliche Strafe, sondern eine sinnvolle Maßnahme ist, werden sie sich daran orientieren und für diesen Halt dankbar sein.*

**Weinen ist ein legitimes Machtmittel der Kinder. Nachgeben müssen Sie deshalb noch lange nicht.**

erachte, dass es jetzt nicht noch ein fünftes Stück Schokolade gibt und wenn der Kleine losweint, ihn weinen zu lassen. Das heißt: Ihn deshalb weder anzuschreien oder zu verfluchen, noch ihm das Stück Schokolade zu gewähren. Sein Gezeter aushalten, aber nicht das nächste Stück aus der Tasche ziehen, damit endlich Ruhe herrscht. So kann ich ihm klar machen, dass ich zu meinem Wort stehe, dass Schluss ist, wenn ich Schluss sage, aber auch, dass ich ihn damit nicht persönlich treffen und ihm keins auswischen will. Dass ich aber weiß, dass zuviel Süßes seinen Zähnen schadet und sehr ungesund ist. Er weiß das noch nicht, deshalb muss ich den Schokoladenkonsum für ihn regeln. Ich gebe ihm aber die Möglichkeit, seinem Unwillen Ausdruck zu verleihen.

## Kinder suchen Grenzen

*Ein Kind probiert aus: Wie weit kann ich gehen? Das muss es tun, um sich später im Leben behaupten zu können.*

Den Trotz des Kindes auszuhalten kostet Nerven. Wie oft ist man dann geneigt, ihm doch seinen Willen zu geben, um des lieben Friedens willen. Oder aber an seine eigenen Geduldsgrenzen zu stoßen und zornig loszubrüllen, weil man seinerseits das Gequengel nicht aushalten kann.

Es hilft, daran zu denken, dass das Kind seine Gefühle ausprobieren und kennen lernen muss. Erwachsene, die den Trotz aushalten und sich später gesprächsbereit zeigen, bieten dem Kind eine Chance, eine andere Umgangsform mit unliebsamen Situationen zu finden als den Trotz. Vielleicht beginnt es mit Verhandlungen: Wann gibt es wieder Schokolade? Oder: Geht stattdessen ein zuckerfreier Kaugummi?

## Lernen, das richtige Maß zu finden

Einen Sinn für richtig und falsch und für die Grenzen der anderen zu bekommen, erweist sich als langwieriger Prozess. In Gefahrensituationen ist es völlig klar: Halt, bis hierhin und nicht weiter. Kinder dürfen nicht auf die Straße rennen, Kinder sollen nicht auf die heiße Herdplatte fassen, Kinder sollen nicht auf einer hohen Mauer balancieren, und in die Steckdose zu fassen ist auch tabu. Aber sonst könnte es auch so gehen: Den heruntergeschmissenen Becher kann ich wieder aufheben, den Saft wegwischen, die angenagten Brote selbst essen, das auf den Tisch kletternde Kind im Auge behalten, das Kind, das mit anderen Kindern zankt, auf den Arm nehmen. Ergebnis: Ich bin fix und fertig, der Kleine weiß immer noch nicht, wie weit er gehen kann.

*Es ist ein langwieriger Entwicklungsprozess, seine Grenzen und die der anderen kennen zu lernen, zu wissen, was richtig, was falsch ist.*

## Wann ist denn nun Schluss?

Kinder wollen wissen, wie weit sie gehen können, sie wollen ihre Grenzen finden, um sich in der Welt zu orientieren und zurechtzufinden. Sie brauchen einen Rahmen für ihr Verhalten und Situationen, die sie nicht überfordern, die ihnen aber ermöglichen, diesen Rahmen auszuloten.

*Kinder, die wissen, wo die Grenzen ihrer Eltern liegen, empfinden diese nicht als negativ.*

### WER VIEL FRAGT …

*»Tom provoziert uns beim Essen bis zur Weißglut. Er sagt einfach immer Nein. Möchtest Du Spinat? Nein. Soll ich heute Fisch kochen? Nein. Magst Du Kartoffeln und Möhren? Nein. Wenn er sich was wünschen darf, wünscht er sich Pommes. Bei allem anderen gibt es lautes Gezeter, bis er sich endlich herablässt, etwas zu essen.«* Eine Mutter

Tom ist überfordert damit, aus allen Möglichkeiten auszuwählen, dazu fehlt ihm die Orientierung. Er zieht sich auf ein Standardgericht zurück, von dem er weiß, dass die Eltern nicht schätzen, wenn er es jeden Tag zu sich nimmt, oder er regt sich auf, schreit herum, bringt seine Eltern aus der Fassung.

*Vermeiden Sie es, eine Mahlzeit als Belohnung zu gewähren bzw. als Bestrafung zu entziehen. Um den Appetit der Kleinen anzuregen, lassen Sie sie zum Beispiel schon bei den Vorbereitungen zuschauen.*

Gut wäre es, wenn er lediglich zwei Möglichkeiten zur Wahl hätte. Möchtest du Möhren oder Brokkoli? Wenn er auch das mit »Nein« abschlägt, wird ihm keine Alternative angeboten.

Manche Eltern haben Angst, dass ihr Kind dann zu wenig isst. Wenn es ein Essensritual gibt, ein gemeinsames Essen in der Familie, und jeder etwas auf dem Teller hat, kann man sich wohl zunächst auf den Satz verlassen: Vor vollem Teller ist noch kein Kind verhungert. Vorausgesetzt, es ist nicht krank oder hat seelische Probleme, die ihm das Essen unmöglich machen.

Sich sperren oder Theater aufführen ist eine Herausforderung der Grenzen. In der unüberschaubaren Situation fühlt Tom sich hilflos. Er weiß nicht, was es alles zu essen geben könnte. Er will nicht uferlos entscheiden müssen. Tom muss lernen, dass die Mutter nicht ohne Unterlass kochen kann und auch nicht bereit dazu ist. Auswählen und selbstständig entscheiden ist gut, aber im Rahmen des für ein Kind Überschaubaren.

### Die Wahl vereinfachen

*Ein kleines Kind ist überfordert, wenn es sich zwischen mehr als zwei Alternativen entscheiden muss.*

Soll sich ein Kind zwischen vielen Möglichkeiten entscheiden, wird es damit Probleme haben. Bei nur zwei Alternativen kann ein Kind jedoch schon auswählen. Das gilt – neben der Essensfrage – auch für viele andere Entscheidungen wie: »Was möchtest du anziehen? Wohin soll der Sonntagsausflug gehen?« usw.

Ohne Grenzen überfordere ich mein Kind. Der Dreijährigen Hammer und Nagel zu geben mit der Aufforderung, ein Bild aufzuhängen, ist genauso sinnlos, wie dem Zweijährigen ein schweres Tablett in die Hand zu drücken mit der Bitte, den Tisch zu

**Kinder sollten in die Entscheidung, was es zu essen gibt, einbezogen werden.**

decken. Bei älteren Kindern ist es vielleicht die Fahrradtour: Zwei Stunden Fahrrad fahren kann ein Neunjähriger gut schaffen, einen ganzen Tag lang würde seine Kräfte überforden.

### Altersgemäße Anforderungen

*Kinder müssen erst langsam Erfahrungen sammeln. Sie brauchen Hilfe bei der Entscheidung, was sie sich zutrauen können und was nicht.*

Wenn wir in die Arbeitswelt eintreten, brauchen wir vorher Lehr- oder Studienjahre. Wenn wir eine neue Stellung annehmen, ist es klar, dass wir nicht von heute auf morgen wissen, wo etwas ist, wie etwas funktioniert. Wir brauchen eine Einarbeitungszeit, eine Orientierungsphase, um uns zurechtzufinden. Selbst wenn wir eine gewisse Routine mit dem täglichen Bürokram haben, lernen wir in anderen Dingen immer neu dazu. Würde von uns erwartet, dass wir aus dem Stand jedes Telefonat führen, jedes Auto reparieren, jede Sprache beherrschen müssen, würde uns das wahrscheinlich an den Rand der Verzweiflung bringen.

Kinder machen die meisten Tätigkeiten zum allerersten Mal in ihrem Leben, sie haben also noch keinerlei Erfahrung. Wenn wir unseren Kindern Aufgaben geben, die sie gar nicht bewältigen können, sind sie lediglich frustriert, verlieren schnell die Lust und trauen sich selbst dann bald gar nichts mehr zu. Sie erleben sich als Versager, die überhaupt nichts schaffen.

*Tun, was ich schon kann, stärkt das Selbstwertgefühl. Das richtige Maß finden Kinder am besten Schritt für Schritt.*

Wenn ich dem Zweijährigen beispielsweise eine Tasse gebe, mit der Bitte, sie auf den Tisch zu stellen, wird er die Aufgabe bewältigen und sehr stolz auf sich sein. Sein Selbstwertgefühl wird gestärkt sein. Die Grenze, die ich setze, indem ich ihn bitte, die Tasse und nicht das ganze Tablett zu nehmen, sichert dem Kind den Erfolg, etwas Neues zu schaffen, was es aber auch schaffen kann. Natürlich wird es immer wieder Misserfolge geben. Außerdem werden sich die Kinder an Dinge heranwagen, die sie noch nicht zu meistern vermögen. Das richtige Maß finden sie am besten Schritt für Schritt, und dabei können wir ihnen helfen.

### ANGST IM TÄGLICHEN LEBEN

*»Wir wollten auf das Tote-Hosen-Konzert in Düsseldorf. Wir konnten aber nicht dorthin gehen. Hinterher haben wir gehört, dass man da eh nichts sehen konnte und dass da ein Mädchen zerquetscht wurde. Da waren wir froh, dass wir nicht dort waren.«*

*»Ich finde gut, dass man mit zehn Jahren abends nicht mehr alleine in der Stadt rumlaufen soll oder mit der Bahn fahren darf. Weil mir ist das mal passiert, da bin ich gefahren und da kamen so Typen, die wollten 50 Pfennig haben. Ich bin dann ausgestiegen – die waren noch so in meinem Alter – aber wenn da so größere kommen ...«*

Jakob und Max, 10 Jahre

### Grenzen geben Sicherheit

Kinder erwarten den Schutz der Eltern. Sie
bauen darauf, dass wir auf sie schauen und
sie vor wirklichen Gefahren bewahren. Sie
spüren, dass sie bestimmte Situationen selber noch nicht überblicken können. Deshalb sind sie in diesen Fällen auf unsere
Hilfe angewiesen. Wir müssen ihnen die
Orientierung erleichtern, indem wir bewusst Grenzen aufzeigen oder aktiv ziehen.

Strandburgen sind bei
den Kindern auch
deshalb so beliebt, weil
sie ein Gefühl von Ge-
borgenheit vermitteln.

## Orientierungspunkte sind wichtig

Kleine Kinder sind oft glücklich mit vielen Kissen und Decken,
sie machen Höhlen daraus und kuscheln sich ein. Wenn Menschen an einen Strand kommen, bauen sich viele zuerst eine
Burg, legen ihr Handtuch hin, stellen ihr Schirmchen auf. Das
macht es nicht nur bequemer, sondern es zeigt: Hier ist mein
Platz. Auf einem Schiff zu sein und auf das Meer zu gucken, ist
für viele Entspannung. Aber sie sind auch froh über eine Orientierung, darüber, irgendwann eine Insel oder Festland zu sehen.
Wenn wir auf einer Wanderung zu einer Hütte kommen, freuen
wir uns. Häuser und Räume sind Anhaltspunkte, Begrenzungen,
Orientierungen, an die man sich halten kann. Sie machen die
Welt überschaubar, sind Ausgangspunkte für neue Ufer.

*Das Wissen um den
eigenen Platz ist ein
guter Haltepunkt,
und es erleichtert den
Umgang mit anderen
Menschen.*

### Feste Rituale

Auch um sich im sozialen Miteinander entwickeln zu können,
brauchen Kinder Orientierungspunkte: Im Umgang mit anderen
Menschen gibt es Regeln in unserer Gesellschaft, die mir helfen,
mich richtig zu verhalten und mich verständlich zu machen.

61

Würde ich ständig meinem Nachbarn bei Tisch den Teller leer essen oder meiner Nachbarin in die Tasse spucken oder weder Messer und Gabel noch einen Löffel benutzen und mich für meine Finger als Esswerkzeug entscheiden, würde sich der Kontakt zu diesen Personen sehr bald erschöpfen. Andererseits würde ein Unkundiger, der in einem Hamburger-Imbiss nach einem Besteck verlangt, auf geringes Verständnis stoßen. Diese Regeln müssen den Kindern beigebracht werden. Ein Brathendel und eine Bratwurst isst man besser mit den Händen. Ein Wurstbrot mit Messer und Gabel zu schneiden, galt bei uns zu Hause als »bäuerisch«. Man muss Situationen erkennen und bewerten können, um die jeweils angebrachten Regeln zu beherrschen.

### Die Grenzen der anderen achten

*Meine Grenze befindet sich spätestens da, wo der Freiraum des anderen beginnt. Diesen Grundsatz können wir unseren Kindern vermitteln.*

Auch das habe ich aber irgendwann gelernt: Ich muss die Grenzen des anderen achten. Wenn ein Kind ein anderes Kind ständig beißt und tritt, mag dieses bald nicht mehr mit ihm spielen. Grenzen helfen, die Welt überschaubar zu machen, Orientierung zu geben. Kleine Kinder können die Reize, die wir aufnehmen, noch viel weniger einordnen als Erwachsene. Über Schule und Massenmedien kommen verwirrende, unverständliche, nicht zu verarbeitende Einflüsse ins Haus. Kinder brauchen mehr Orientierung, um zu sehen, was ist richtig, was ist falsch, was muss ich wahrnehmen, was muss ich berücksichtigen, um mit mir und meiner Umwelt klarzukommen?

### Den richtigen Zeitpunkt finden

Oft ist es das schlechte Gewissen, weil man so viel arbeiten muss und deshalb viel zuwenig Zeit hat für die Kinder. Oder es ist auch das Bedürfnis nach Harmonie, das einen versuchen lässt, alles im Guten zu lösen; der Versuch, jede Konfrontation zu vermei-

## MORGENRITUALE

*»Unser Sohn findet in der Früh nie in die Kleider. Es ist jeden Morgen ein Riesentheater: Er sitzt in seinem Zimmer und hört nicht. Ich bin wirklich ein geduldiger Mensch. Ziehe alle Register, biete ihm alles an, rede mit Engelszungen auf ihn ein, aber er weigert sich strikt. Irgendwann bin ich dann ausgeflippt. Ich konnte nicht mehr, ich hab alles um mich geschmissen und ihn angeschrien. Er hat mich nur verdutzt angeschaut.«* Mutter, ein Sohn

*»Mein Sohn wollte sich morgens nie anziehen, wenn es in den Kindergarten ging. Da ich auch zur Arbeit musste, sagte ich: Dann gehst du eben so, wie du bist, und packte ihn im Schlafanzug ins Auto. Je näher wir dem Kindergarten kamen, desto mehr Kleidungsstücke hatte er am Leib. Als wir dort waren, war er vollständig angezogen.«*

Aus: Tom McMahon, Rechter Schuh – linker Schuh

*Auch wer alles im Guten lösen möchte und seinem Kind gegenüber Geduld zeigt, dem platzt trotzdem hin und wieder der Kragen.*

den. Man weiß zwar genau, dass der Kuhhandel mit Kaugummis und Sonderfernsehen kein geeignetes Mittel ist, um das Problem wirklich zu lösen, aber es fällt einem auch so leicht nichts anderes ein.

Auf die Fragen: »Wann ist Schluss, wo ist die endgültige Grenze?« gibt es eine klare Antwort, wobei die individuellen Grenzen sehr unterschiedlich sein können. Schluss ist auf jeden Fall, bevor es zu spät ist. Schluss muss sein, bevor ich die Nerven verliere und ungehalten werde. Besser noch, lange davor. Wenn sich die aufreibende Szene allmorgendlich wiederholt, kann ich spätestens, wenn ich das weiß, versuchen, eine dauerhafte Übereinkunft mit meinem Kind zu finden.

*Eine klare Antwort auf die Fragen: »Wann ist Schluss? Wann muss ich eingreifen?« heißt: bevor ich die Nerven verliere.*

**Alle Familienmitglieder– auch die Eltern – sollten die Grenzen des jeweils anderen achten.**

## Wo soll Ich denn nun die Grenzen setzen?

Diese Frage stellte eine Mutter in einer Gruppe. »Das kann ich Ihnen sagen, das ist nämlich ganz einfach«, war meine Antwort darauf, die von den anderen Gruppenmitgliedern mit ungläubigem Gelächter kommentiert wurde. »Da, wo Ihre ganz persönliche Grenze anfängt.«

Mit anderen Worten heißt das, dass es die immer eingeforderten allgemeinverbindlichen Regeln gar nicht gibt. Denn jedes Kind ist anders, und jeder Erwachsene ist anders, und dementsprechend werden auch die meisten Regeln an verschiedenen Stellen anfangen.

Manche Leute mögen es nicht, wenn mit den Straßenschuhen auf dem neuen Wohnzimmerteppich herumgetrampelt wird, andere stört es, wenn das Kind zum Essen in sein Zimmer geht und sich an den Computer setzt. Die einen können es aushalten, wenn der Junge morgens eine halbe Stunde damit zubringt, seine Schuhe zuzubinden, andere haben dafür weder die Zeit noch die Nerven.

*Machen Sie eine Familienlandkarte. Jedes Familienmitglied zeichnet seine Bereiche mit den jeweiligen Grenzen darauf ein. Damit hat jeder die Möglichkeit, die Grenzen des anderen nachzuvollziehen.*

## Ein Atlas für Kinder und Eltern

Malen Sie sich eine Familienlandkarte. Jedes Familienmitglied kann seine Lebensbereiche als Bezirke dort einzeichnen. Es gibt sicher ganz krumme Grenzverläufe. Über das Zustandekommen der Grenzen kann es vielleicht ein gemeinsames Gespräch geben. Welche »Kriege«, welche »Besetzungen«, welche »Friedenspfeifen« haben zu diesen Grenzziehungen geführt?

Überlegen Sie vielleicht mit Ihren Kindern zusammen, welche Regeln in Ihrem Haushalt sinnvoll sind. Schreiben Sie auf, welche Grenzen Ihnen wichtig sind, und bitten Sie das Kind zu überlegen, welche Grenzen es selbst gerne beachtet hätte. Vielleicht kann sich so ein Gespräch darüber entwickeln, durch welches Verhalten man die gemeinsamen und die gegenseitigen Grenzen respektieren könnte.

*Legen Sie die Regeln, die in Ihrer Familie gelten sollen, zusammen mit den Kindern fest. Fragen Sie Ihre Kinder, welche Grenzen sie für sich selbst gerne respektiert hätten.*

## Fragen, die immer wiederkehren

Wenn wir mit einer Reihe von Eltern über eine schwierige Situation sprechen, beispielsweise über die scheinbar einfache Frage: Wie kann man das mit dem Taschengeld regeln, stehen am Ende so viele Meinungen und Vorschläge gegeneinander, wie es Teilnehmer an diesem Gespräch gibt. Das heißt, es ist schon gut, genau zu schauen, wie hängen bestimmte Sachen in unserer Familie zusammen? Ist der Kleine dem Vater gegenüber am Wochenende so unwillig, wenn er mit ihm etwas unternehmen will, weil er damit seine Protesthaltung darüber, dass der Vater die ganze Woche über nicht da ist, zum Ausdruck bringen will? Wenn das so ist, dann nützt es nichts, sich auf Diskussionen über die geplanten Aktivitäten einzulassen, sondern es ist vielleicht ein Gespräch über die Arbeit des Vaters notwendig.

*Wenn ein Kind veränderte Verhaltensweisen zeigt: beispielsweise häufiger schlechte Laune hat als sonst oder eine ungewohnte Gier nach Süßigkeiten, kann das tieferliegende Ursachen haben.*

Ist die Tochter dick und isst sie ununterbrochen Süßigkeiten, gilt es vielleicht zu fragen: »Wonach hat sie Hunger, was fehlt ihr, was hat sie so frustriert?«, statt als ihr einfach nur das Essen von Süßigkeiten zu verbieten. Zumal der Vater auch jedes Kotelett für eine Tafel Schokolade stehen lässt.

Wann und warum man Schluss macht, ist also immer in einem größeren Zusammenhang zu sehen. Wenn man sich dafür die Zeit nimmt, kann man ab und zu ganz erstaunliche Entdeckungen machen.

# Ja oder Nein

»Oft weiß ich nicht, was ich machen soll: Einkaufen oder Freunde besuchen, auf die Party gehen oder zu Hause bleiben, aufräumen oder im Garten arbeiten. Mit dem Auto oder mit der Straßenbahn in die Stadt fahren. Jetzt muss ich noch für meine Kinder mitentscheiden. Manchmal eine ziemliche Herausforderung.«

*Eine Mutter*

Die klare Entscheidung zwischen »Ja« und »Nein« ist für die Eltern nicht immer einfach.

## Klarheit ist das A und O

Ja oder Nein? das ist mindestens zwanzigmal am Tag die Frage, die – häufig sehr schnell – eine Antwort verlangt. Entscheiden heißt: sich für etwas zu entscheiden, und auf etwas anderes zu verzichten. Zögerliche Menschen tun sich damit schwer. Sie würden am liebsten auf allen Hochzeiten tanzen, sich mit niemandem anlegen und keine Chance vergeben. Schreibe ich jetzt den Brief ans Finanzamt, oder lese ich erst die Zeitung? Gehe ich gleich zur Arbeit oder erst einkaufen und komme dann einfach etwas später? Manche Fragen sind nicht so wichtig, die Entscheidungen lassen sich aufschieben. Andere sind dringend, haben Folgen: Gehe ich nicht sofort spazieren, ist die Sonne weg, und es fängt möglicherweise an zu regnen. Wenn ich mich jetzt nicht für die Arbeitsstelle entscheide, tut es jemand anders.

*Ein Jein in der Erziehung kann Verwirrung stiften. Erwachsene müssen häufig für ihre Kinder Entscheidungen treffen.*

# Ich kann mich nicht entscheiden

Tatsache ist: Entscheidungen haben Konsequenzen. Im Zusammenleben mit unseren Kindern müssen wir häufig auch für sie Entscheidungen treffen. Die Konsequenzen betreffen also nicht nur uns, sondern auch andere. Mehr als Erwachsene brauchen Kinder klare Aussagen. Sie sind abhängig von unseren Entscheidungen und Regeln. Ein Jein verunsichert und lähmt sie. Klare Formulierungen bringen Orientierung und Sicherheit.

*Kinder sind abhängig von unseren Entscheidungen und brauchen daher eindeutige Aussagen. Das hilft ihnen, sich im Leben zurechtzufinden, und es gibt ihnen Sicherheit.*

Klaren Aussagen an die Kinder gehen klare Entscheidungen der Eltern voraus. Wenn Sie sich darüber unsicher sind, wie sie entscheiden sollen, dann sprechen Sie über immer wiederkehrende Situationen mit dem Partner oder anderen Eltern, um sich klar zu werden über die Richtung, die für Ihr Kind und für Sie gut wäre. Auch ein Gespräch mit den Kindern ist hilfreich.

## Klarheit heißt Berechenbarkeit

Hin und her geworfen zu sein und nicht zu wissen, was erlaubt und was verboten ist, bedeutet für Kinder eine schwere Bürde. Sie verlieren dadurch die Orientierung und werden schließlich total verunsichert in ihrer Wahrnehmung der Welt. Es ist für

### WECHSELNDE GEMÜTSSTIMMUNG

*»Mein Vater war sehr launisch. Wenn er schlecht drauf war, kam er nach Hause schrie herum, und wir kriegten Fernsehverbot. War er guter Dinge, setzte er sich zu uns, spielte mit uns, und wir konnten uns alles erlauben. Wenn er nach Hause kam, wussten wir nie, was uns erwartete.«*

Markus, 32 Jahre

67

meine Mitmenschen, für Kinder aber ganz besonders, wichtig, einschätzen zu können, woran sie bei mir sind.

Jeden Tag eine wechselnde Meinung, die zu anderen Erziehungsmaßnahmen führt, macht mich unberechenbar und verängstigt die Kinder, weil ihr Schicksal davon abhängt.

Das heißt nicht, dass Eltern immer bester Laune sein müssen, sondern, dass Kinder nicht den Launen der Erziehungsberechtigten ausgeliefert sein dürfen. Klare Regeln erleichtern Kindern und Eltern den Umgang miteinander auch gerade dann, wenn Vater oder Mutter mal nicht so guter Laune sind oder nicht so viel Zeit haben, um alles auszudiskutieren.

Kinder haben ja meistens kein sonderliches Verlangen, in die Schule zu gehen. Sie wollen lieber raus und spielen. Versuchen Sie aber, für die Hausaufgaben konkrete Zeiten festzulegen, in denen dann wirklich etwas getan wird.

*»Kinder haben manchmal keinen Bock auf Schularbeiten. Sie wollen lieber rausgehen und spielen. Wir zum Beispiel fahren gern Skateboard. Man sollte irgendwie bestimmte Zeiten einführen, zu denen ganz klar gearbeitet werden muss.«*
Max und Jakob, 10 Jahre

## Vorankündigungen helfen Kindern zu wissen, woran sie sind

Damit die Kinder einschätzen lernen, wo die Grenze liegt, muss man es ihnen sagen. Sie sollen nicht aus heiterem Himmel plötzlich bestraft werden, weil einem irgendwann der Kragen platzt. Etwa weil sie ständig den Ball in Richtung Spiegel schmeißen.

Sie sollten vorher wissen, dass sie damit provozieren, dass es Konsequenzen hat, wenn sie weiter mit dem Ball in der Nähe des Spiegels spielen, und dass Sie das nicht dulden, heute nicht und morgen auch nicht.

Eine Regel wie: »Ball spielen ist im Flur möglich, aber nicht im Wohnzimmer«, macht das klar. Halten sich die Kinder nicht daran, kann die Konsequenz lauten: »Ball spielen im Wohnzimmer ist verboten, wenn ihr es doch tut, muss der Ball weg«.

Wichtig ist, dass man dann auch zu seinem Wort steht. Sonst werden jegliche Grenzziehungen irgendwann ins eine Ohr rein-

*Regeln müssen Sinn machen, und sie dürfen das Kind nie aus heiterem Himmel treffen. Kündigen Sie Konsequenzen rechtzeitig an, und wenn Sie sie genannt haben, bleiben Sie auch dabei.*

68

und aus dem anderen wieder rausgehen. Die Androhung: »Warte, wenn Papa nach Hause kommt«, entbehrt jeglicher Logik. Es ist für das Kind nicht erkennbar, was es mit der Sache zu tun hat, dass Papa erst zu Hause sein muss.

Was das Kind allein dabei assoziiert ist: Papa ist der Angstgegner, was passiert, wenn er nach Hause kommt, ist unberechenbar. Außerdem ist es nicht leicht für den Vater, sich künstlich in die Rolle des Racheengels hineinzusteigern. Nicht zuletzt kann kein Kind nachvollziehen, warum der Papa so wütend wird, obwohl das Geschehen sich ja gar nicht gegen ihn gerichtet hat und darüber hinaus – aus seiner Sicht – ja schon lange her ist.

*Es ist einleuchtender, wenn man eine Maßnahme nicht aufschiebt oder auf den Partner abwälzt: »Warte nur, wenn Papa heute abend nach Hause kommt!«*

## Klarheit heißt Eindeutigkeit

Aussagen der Eltern sollten eindeutig sein. Das heißt: ohne Missverständnisse. Die Sätze: »Ball spielen im Wohnzimmer ist verboten. Haltet ihr euch nicht an diese Regel, geht der Ball auf Wanderschaft«, sind uneindeutig. Die Kinder wissen nicht, was mit Wanderschaft gemeint ist. Kickt der Ball dann durch die ganze

**Wenn die Eltern nicht wollen, dass die Kinder im Wohnzimmer Ball spielen, müssen sie dazu eine klare Regel formulieren.**

Wohnung, oder kommt er weg? Haben Sie den Eindruck, dass eine Botschaft nicht richtig angekommen ist, fragen Sie Ihre Kinder freundlich, was sie verstanden haben.

### Klarheit heißt Verständlichkeit

*Kinder brauchen nachvollziehbare Regeln. Auf Unverständnis stößt womöglich eine Erziehungsmaßnahme mit der Erklärung: »Das tust du jetzt, weil ich es will!«*

Regeln dürfen nicht willkürlich sein. Wenn möglich, sollten Sie Ihren Kindern verständlich machen, warum es nötig ist, dass im Zusammenleben gewisse Regeln gelten. Dann werden sie sich auch eher daran halten. Versuchen Sie Ihren Kindern den Grund für bestimmte Regeln zu erklären.

Eine Erziehungsmaßnahme verständlich machen, heißt aber auch: Das Kind soll den Zusammenhang erkennen können. Also sollten die Folgen daraus sich nicht erst in der nächsten Woche, sondern direkt und unmittelbar ergeben. Das heißt, machen Sie gleich klar, worum es geht, später hat ein Dreijähriger längst vergessen, warum er keinen Nachtisch bekommen hat, warum er seine Lieblingskassette nicht hören darf oder warum er im Haus spielen muss.

### SELBSTBETEILIGUNG

*»Niklas geht in die zweite Klasse und bekommt zwei Mark Taschengeld in der Woche. Davon muss er seine Süßigkeiten und seine Fußballbilder bezahlen. Neulich hat er seinen Ball verloren. Der Ball hatte zwanzig Mark gekostet. Wir sind übereingekommen, dass Niklas zu einem neuen Ball acht Mark dazu tut. Den ganzen Ball zu bezahlen, hätte zehn Wochen kein Taschengeld bedeutet – für einen Achtjährigen eine unüberschaubare Zeit.«*

Eine Mutter

70

Eine solche Maßnahme darf aber auch nur kurz sein. Sie sollte einen Anfang und ein Ende haben. Das heißt, das Kind muss wissen, wann zum Beispiel ein Verbot beendet ist. Und das sollte ein überschaubarer Zeitraum sein.

*Die Dauer einer erzieherischen Maßnahme muss für das Kind überschaubar sein, sonst ist sie wenig sinnvoll.*

## Klarheit heißt altersgemäße Erklärung

Versuchen Sie, sich auf die Entwicklungsebene des Kindes zu stellen. Was kann es schon begreifen, und was ist zu abgehoben? Ein Anderthalbjähriger versteht durchaus, was heiß und kalt bedeutet, aber noch nicht unbedingt, was es heißt, dass auf einer Steckdose Strom ist und man sich einen Schlag holen kann, wenn man die Finger reinsteckt.

## Sinnvolle Grenzen setzen

»Kinder müssen wissen, was man als Elternteil billigt und was nicht«, meint der Soziologieprofessor Oskar Negt. Und er fügt ergänzend hinzu: »In einem Nein steckt oft noch ein Stück wichtige Anerkennung.«

Ein sinnvolles Nein heißt im Nebensinn: Mir ist nicht egal, was du tust, ich setze mich mit deinem Anliegen auseinander, ich sorge mich um dich.

Sich auseinander setzen bedeutet auch: Ich mache mir Gedanken, wann und warum ich dir Grenzen setze. Grenzen sollten niemals willkürlich sein. Ein Kind, das das Gefühl hat, es darf heute nicht raus und mit seinen Freunden spielen, weil die Mutter schlechte Laune hat, fühlt sich verunsichert und unberechenbaren Stimmungen ausgesetzt. Ein Kind, das weiß, es darf nicht raus, weil es schon dunkel ist und die Mutter sich berechtigte Sorgen macht, wenn es noch draußen rumläuft, ist vielleicht trotzdem verärgert, aber es versteht auch die echte Sorge und kann ein Verbot dadurch leichter akzeptieren.

*Ein sinnvolles Nein wird das Kind niemals als Schikane empfinden, sondern es wird spüren, dass es den Eltern dabei um sein Wohl geht.*

*Eine Bestrafung macht nur dann Sinn, wenn sie dem Anlass angemessen ist, sonst hat sie für das Kind keinerlei Lerneffekt.*

## DAS GEFÜHL FÜR GERECHTIGKEIT

*»Ich war schon mal mit meinen Freunden in der Stadt, und da sollte ich, glaub ich, um halb acht zu Hause sein. Ich war aber erst um halb neun zu Hause, und dann durfte ich nicht mehr in die Stadt gehen. Das fand ich eine ungerechte Strafe.«*

*»Gerecht hätte ich gefunden, vielleicht, dass ich beim nächsten Mal, wo ich mit meinen Freunden in die Stadt will, nicht mehr gehen darf. Beim übernächsten Mal hätten sie es mir doch wieder erlauben sollen. Das hätte ich gerecht gefunden, aber nicht so eine Strafe auf ewig.«*

Max, 10 Jahre

## Grenzen sollten angemessen sein

*Strafen, die im Zorn verhängt werden, zum Beispiel das Kind in ein dunkles Zimmer zu sperren, sind keine wirksamen Erziehungsmaßnahmen.*

Sinnvoll heißt auch angemessen: Einen Monat Hausarrest dafür, dass ein Fußball versehentlich in Nachbars Wohnzimmer gelandet ist, ist eine völlig unangemessene Strafe und abgesehen davon auch nicht sinnvoll. Sinnvoll wäre es zu sagen: Geh bitte rüber, entschuldige dich, frag, ob irgendetwas kaputtgegangen ist, und spiele in Zukunft woanders mit deinem Ball.

Am Ersetzen einer eingeschlagenen Scheibe können Kinder sich natürlich beteiligen. Ein Zweijähriger, der noch nicht auf das Schaukelpferd vor dem Supermarkt klettern kann, hat eine natürliche Grenze. Sein älterer Bruder kann schon schaukeln, er noch nicht. Aber sinnvoll ist es nicht, dem Kleinen das zu verwehren und ihn traurig oder eifersüchtig auf den Großen zu machen.

Eine Mutter von drei Kindern, die morgens zwei weitere betreute, erzählte diese erschütternde Geschichte: Die zwei Pflegejungen wurden von ihrer Mutter gebracht und wollten sich beide von ihr mit einer Umarmung verabschieden. Die Mutter wies den Jüngeren zurück und umarmte erst den Älteren mit den Worten: Du warst ja auch zuerst auf der Welt. Ihre eigenen Kinder hätten das gehört und seien wie erstarrt gewesen.

Natürlich stimmt es, was die Mutter der zwei Jungen gesagt hat. Aber welchen Sinn ergibt das in Bezug auf die Umarmung? Gar keinen. Es zeigt lediglich dem Kleinen an: Du wirst für etwas bestraft, für das du gar nichts kannst. Du hast davon einen lebenslangen Nachteil.

> *»Wenn man gern zündelt und einmal dabei etwas ankokelt, dann fänd' ich 'ne gerechte Strafe, wenn man sich dann zwei Wochen keine Böller mehr kaufen darf.«*
>
> Jakob, 10 Jahre

## Verstehbare Folgen statt Strafen

Wenn gar nichts mehr hilft, dann zaubern viele Eltern irgendwelche Strafen aus dem Hut, von denen sie sich das gewünschte Ergebnis erhoffen. Kinder, die nicht artig sind, werden in den Keller gesperrt, wenn sie rumschreien, kommen sie zur Beruhigung unter die Dusche oder man verbietet ihnen ihre Lieblingsbeschäftigung.

Eine Mutter zweier Kinder berichtet von ihrem Versuch, eine angemessene Strafe zu formulieren: »Meine Tochter wurde immer schlechter in der Schule. Wir haben sie ermahnt und mit ihr geschimpft. Es nützte nichts. Ihr einziges Interesse galt dem Reiten. Irgendwann haben wir ihr das einfach verboten und gesagt: Erst wenn du wieder was für die Schule tust, darfst du wieder reiten.«

Solche in Verzweiflung oder im Zorn ausgeführten Maßnahmen scheinen meist Erfolg zu bringen. Kinder gehorchen besser, hören auf zu schreien, steigern sogar ihre Schulleistungen.

Der Erfolg trügt. Er ist nämlich nur von sehr kurzfristiger Dauer. Was ich damit erreiche ist: Ich mache die Kinder klein. Breche ihren Willen, wie es so grausam heißt, untergrabe ihre Würde

> *Unangemessene und zu harte Strafen verletzen das Kind. Sie mögen anfangs vielleicht Erfolg haben, aber wer nur seine elterliche Macht durchsetzen will, erzieht sein Kind nicht. Er nimmt ihm die Würde und das Selbstbewusstsein.*

73

und ihr Selbstbewusstsein. Ich zeige einfach nur: Ich habe die Macht, ich sitze am längeren Hebel, du hast zu gehorchen.

Das Kind wird aus Angst, dass das Hobby oder das tägliche Spielen mit den Freunden und Freundinnen gestrichen wird, vielleicht mehr pauken. Eine positive Einstellung beispielsweise zur Schule, die vielleicht dazu führt, dass das Kind lernt, weil es lernen will, erreiche ich dadurch nicht.

### Folgerungen ziehen und entsprechend handeln

*Wenn Sie in der Erziehung Ihres Kindes Willkür vermeiden, lernt es, dass bestimmte Verhaltensweisen bestimmte Wirkungen haben.*

»Wer Grenzen setzt, der muss zugleich darüber nachdenken, wie er bei Grenzverletzungen und nicht eingehaltenen Absprachen reagiert. Dabei kann es nicht um Strafe oder Verbote gehen, vielmehr um logische Konsequenzen und natürliche Folgen.« (Rudolf Dreikurs, Psychologe)

Eine aus dem Hut gezauberte Strafe würde Kinder nur spüren lassen, dass sie der Willkür ihrer Eltern ausgeliefert sind. Wenn man Kindern klarmacht, dass es Konsequenzen hat, die sich aus der Sache ergeben, wenn sie sich nicht an Grenzen halten, dann leuchtet ihnen das viel mehr ein. Sie erleben, dass ihre Taten etwas bewirken und dass sie selbst Einfluss darauf nehmen können, was sie bewirken und welche Folgen sie haben. Eine solche Erfahrung stärkt das Selbstwertgefühl, sie verleiht Sicherheit und gibt gleichzeitig ein Gefühl der Verantwortung an die Handelnden, die Kinder selbst.

*Wenn Kinder erleben, dass ihre Taten logische Konsequenzen haben, erfahren sie auch, dass sie selbst Einfluss darauf haben.*

### Fallbeispiel Weckdienst

»Katharina bleibt morgens immer bis auf die letzte Minute im Bett liegen. Ich gehe bestimmt fünfmal zu ihr hin, um sie zu wecken und bitte sie aufzustehen. Ich nehme sie mit zur Schule und werde dann ungeduldig, weil wir beide abgehetzt zur Arbeit kommen.« (Ein Vater)

74

Welchen Eltern fällt es
schon leicht, ihre
Kinder aus dem Schlaf
zu reißen?

Wenn die Tochter morgens nicht aufstehen will und den Vater damit in Druck bringt, könnte eine logische Konsequenz sein, mit der Tochter eine Absprache zu treffen. Ihr zu sagen, wie nervenaufreibend diese morgendliche Abfahrtszeremonie ist.
Treffen Sie eine Abmachung: Zweimal wird geweckt und dann musst du aufstehen, sonst kannst du mit dem Bus in die Schule fahren oder zu Fuß gehen.

*»Nicht die Regeln, sondern die zugrunde-liegenden Begründungen müssen verlässlich sein. Sie müssen sich auf das eigentliche Problem beziehen, nicht auf ein vorgeschobenes.«*
Katinka Lutze, Pädagogin

## Nicht die Macht, sondern die Logik zählt

Eine Mutter erzählte, bei ihnen zu Hause gelte die Regel: Jeder muss sich am Putzen beteiligen. Da ihre Töchter häufig das Klo nicht putzten, hätte sie es jetzt einfach zugesperrt. Sie könnten nun nicht mehr aufs Klo. Was im ersten Moment wie eine logische Konsequenz scheint, ist keine. Ein schmutziges Klo wird nicht logischerweise zugesperrt, die Mutter tut nichts anderes, als ihre Macht zu demonstrieren. Und die Töchter werden diese Strafe als Vergeltung empfinden. Eine bessere Maßnahme wäre:

*Wenn möglich, kündigen Sie dem Kind die Folgen an, die sein Verhalten haben könnte. Das bedeutet, dass Sie niemals eine Strafe ohne Vorwarnung verhängen sollten.*

Wenn die Mädchen weiterhin das Klo nicht putzen wollen, müssten sie einen Teil des Taschengeldes dafür aufwenden, eine Putzfrau zu bezahlen.

Für das Kind einsehbare Folgen seines Verhaltens wären: Wenn du mit dem Essen rumspielst, bist du wohl satt und kannst aufstehen. Wenn du nur rumschreist und Krach machst, musst du das in einem anderen Raum tun. Logische Folgen müssen natürlich angemessen sein.

Sie sollten dem Kind klargemacht und angekündigt werden. Ist Leib und Leben bedroht, muss ich natürlich eingreifen: Ich kann nicht warten, bis mein Kind unterm Auto liegt.

## Verlässlichkeit und Wahrheit vorleben

### Versprochen ist versprochen

*Wer als Kind bei Verboten und Zusagen der Eltern positive Erfahrungen gemacht hat, kann darauf seine eigene Verlässlichkeit aufbauen.*

Häufig kommen wir in die Situation, dass wir den Kindern etwas versprechen: Wenn du dir jetzt ganz schnell den Schlafanzug anziehst und die Zähne putzt, darfst du hinterher noch ein bisschen toben. Wenn du deine Schularbeiten geschafft hast, kannst du noch eine Stunde zu deinem Freund. Wenn du deinen Abschluss schaffst, bezahle ich dir den Moped-Führerschein.

Solche Versprechungen sollen Ansporn für die Kinder sein, etwas Unliebsames zu tun.

Wichtig ist, sich auf jeden Fall an ein Versprechen zu halten. Schließlich geben sich die Kinder Mühe, weil Sie auf uns und unser Wort vertrauen. Dazu nicht zu stehen macht uns unglaubwürdig, und wir erschüttern das Vertrauen der Kinder. Ein Kind, das sich fürs Bett fertig macht, weil ihm versprochen worden ist, dass es vorher noch toben darf, dem das dann aber wieder untersagt wird, ist resigniert und wird unwillig. Wenn wir verlässlich sind, lernen auch unsere Kinder Verlässlichkeit.

Wenn wir auf den Zug müssen, machen uns Diskussionen mit den Kindern über das Warum und Weshalb besonders nervös.

## Wie ist das mit dem Flunkern?

In Notsituationen greifen Eltern auch manchmal zu Notlügen. Bei kleinen Kindern sieht das vielleicht so aus: Wir müssen jetzt zum Bahnhof, du musst dich ganz schnell anziehen. Das ist der einzige Zug, der heute fährt, wenn wir den nicht kriegen, fährt danach keiner mehr. Älteren Kindern, die um Geld fragen, sagt man vielleicht: Ich hab keins mehr.

*Die Wahrheit hilft am ehesten weiter: Sie schafft klare Verhältnisse in der Beziehung und stärkt das Vertrauen des Kindes in seine Eltern.*

Auch für Erwachsene gilt: Ehrlich währt am längsten. Warum sagen wir unseren Kindern nicht, wie es ist? Notlügen und kleine Unwahrheiten sind zwar kein Weltuntergang, aber sie schaffen bei Kindern unnötige Irritation und erschüttern die Glaubwürdigkeit der Erwachsenen.

Warum nehmen wir uns nicht ein paar Takte mehr Zeit und sind ehrlich: Wir wollen diesen Zug kriegen und keinen anderen. Oder: Ich finde, du hast genug Geld bekommen. Damit nehmen wir die »Schuld« für unsere Entscheidung auf uns. Das heißt, wir müssen uns auch dem möglichen Zorn der Kinder stellen. Aber wir haben ehrlich geantwortet. Das Kind weiß, woran es ist, und es hat keinen Grund zum Misstrauen.

### Lieber kein Interesse vortäuschen

Eine Mutter, die möchte, dass ihr Sohn seine Hausaufgaben macht, versucht möglicherweise erst einmal ein Gespräch mit ihm über eine Fernsehsendung oder sein Wohlbefinden zu führen. Wenn nun ihr Sohn merkt, dass sie gar kein echtes Interesse daran hat, sondern nur etwas über die Schulaufgaben wissen will, wird er die Mutter zu Recht fragen: Willst du mir ein Gespräch aufzwingen oder was?

Wir können uns nicht immer und in jeder Minute auf alles konzentrieren, was von den Kindern kommt. Aber wir sollten dann auch nicht so tun, als wäre es so. Kinder spüren sehr wohl, ob man ihnen ernsthaft und aufrichtig gegenübersteht. Eine Aussage wie: »Ich kann dir im Moment nicht zuhören, sobald wir zu Hause sind, setzen wir uns hin und reden über dein Problem«, hilft dann eher als ein geheucheltes Interesse.

## Kritik an der Sache, nicht an der Person

»Unser Verhältnis zueinander ist wichtiger als das Verhalten.« (Eine Mutter)

Ganz gleich, um welches Thema es sich handelt: Bei jeder Kritik sollte ganz klar eine Sache im Mittelpunkt stehen, nicht die Person. Es hört sich ganz anders an, wenn Sie sagen: »Du hast bei den Nachbarn die Scheibe eingeschlagen, das war nicht richtig. Lass uns überlegen, wie du das wieder gutmachen kannst« – als zu sagen: »Du bist ein Trottel, wie konntest du nur bei den Nachbarn die Scheibe einschlagen.«

Kinder sollten eins immer wissen: Die Liebe meiner Eltern steht nicht in Frage, ganz egal, was ich tue oder was passiert. Was ich gemacht habe, war nicht gut, aber ich bin gut. Meine Eltern lieben mich trotzdem. Alles andere würde das Selbstwertgefühl des Kindes erschüttern, es würde sich als Versager fühlen und möglicherweise Dinge nicht aus der Einsicht heraus, dass sie richtig sind, tun, sondern lediglich aus der Angst, die Zuneigung der Eltern zu verlieren. – Um ein vertrauensvolles Verhältnis zwischen Kindern und Eltern sicherzustellen, muss klar sein, dass die Liebe bei keiner Missetat in Frage steht. Es darf kein Zweifel darüber bestehen: Die Tat war blöd, nicht die Person!

## Eine Tür offen halten

Eine Tür offen halten, dieses Bild ist ganz wörtlich zu verstehen. Die Kinder auszusperren, mag in bestimmten Notsituationen vielleicht unumgänglich erscheinen. Sie aber wegzuschicken mit den Worten: »Ich will dich hier nicht mehr sehen. Wag es bloß nicht, hier wieder hereinzukommen«, ist kein geeignetes Mittel, um einem Kind seine Grenzen zu zeigen.

Wichtig ist, dass Kinder ein Signal bekommen: So geht es nicht. Dein Verhalten billige ich überhaupt nicht. – Aber große und kleine Nervensägen sollten wissen: Wenn du dich anders verhältst, normal mit mir sprichst, dich an gewisse Regeln des Zusammenlebens hältst, kannst du wieder reinkommen. Die Tür ist nicht verschlossen, sie lässt sich wieder öffnen.

*Strafen haben nur dann Sinn, wenn das Kind genau weiß, wie es sie in Zukunft vermeiden kann.*

### DER VERLORENE SOHN

*»Einmal musste ich meinen 16-jährigen Sohn aussperren. Er verwandelte die Wohnung regelmäßig in ein Schlachtfeld. Er spielte laute Musik, es gab Ärger mit den Nachbarn. Ich wusste mir nicht anders zu helfen, als ihn rauszuschmeißen und die Schlösser auszuwechseln. Nach zwei Tagen habe ich ihn wieder reingelassen.«* Eine Mutter

# Na gut, aber nur noch fünf Minuten …

»Jetzt wird nicht mehr geschaukelt, mach deine Hausaufgaben!« Konsequent sein fällt manchmal sehr schwer.

*Inkonsequenzen kommen vor und sind auch ein Zeichen von Menschlichkeit.*

»Wenn einer mir sagen würde, er wär immer konsequent, würde ich sagen, er hat keine Seele. Konsequenz als Absolutum in der Erziehung ist nicht lebbar. Dann müssten wir ja ein Herz aus Stein haben.«
*Angela Krüger, Sozialarbeiterin*

Wer auch mal nachgeben oder eine Schwäche eingestehen kann, zeigt Menschlichkeit – eine wichtige Voraussetzung im Umgang mit Kindern.

## Und dann sage ich doch wieder ja

Wenn ich eine Belohnung oder ein Verbot ankündige, dann muss ich dieses Versprechen auch halten, sonst werde ich unglaubwürdig. Die Kinder werden »elterntaub«. Sie richten sich nach gar nichts mehr, und das Grenzensetzen können Eltern sich dann sparen. Denn sie werden sowieso nicht eingehalten. Das ist aber nur eine Seite. Die täglichen Situationen im Umgang und Zusammenleben mit Kindern haben meist noch viele andere: Der Kleine hat so sehr gebettelt, da konnte ich ihm seinen Wunsch nicht abschlagen und habe ihm noch einen Ritter gekauft. Oder aber: Ich wollte einfach nur meine Ruhe haben, und ich wusste genau, wenn ich das Nein jetzt durchhalte und der Fernseher aus bleibt, habe ich nur noch Theater. Oder: Ich hatte ihr verboten nochmal auf die Schaukel zu gehen, aber als sie mich dann inständig bat: Bitte, bitte noch einmal, dachte ich: Ja, wieso soll ich's ihr eigentlich nicht erlauben?

## Ich sage zehnmal nein und beim elften Mal ja

Ob wir uns nun vom Charme unserer Kinder erweichen lassen oder aber unsere gerade getroffene Entscheidung plötzlich für völligen Quatsch halten und sie dann gleich wieder zurücknehmen, eine Tatsache ist, dass die meisten von uns bei ihren Erziehungsmaßnahmen selten hundertprozentig konsequent sind, und das ist eigentlich auch gut so.

Wenn man ihnen den kleinen Finger reicht, nehmen sie mehr als die ganze Hand, und manche Eltern haben Angst vor dem, was ihre Kinder alles anstellen könnten.

In unsere Gruppen für Eltern pubertierender Jugendlicher kommen häufig Mütter und Väter, deren Kinder noch gar nicht in der Pubertät sind. Eine irgendwie ungute Vorahnung treibt sie zu uns: »Ich wollte mal hören, was da so auf mich zukommt«, sagen sie. Oder: »Unser Kleiner ist zwar noch nicht so weit, aber er ist schon ganz schön frech.«

Die Eltern haben schon eine Vorstellung von den Schwierigkeiten, in die sie mit ihren Kindern geraten könnten. Und: Sie kennen die Mittel, die sie bisher eingesetzt haben, um die Kinder zu erziehen.

Druck machen, zumeist Tacheles reden oder außer sich geraten, sind die »Maßnahmen«, die auf dem Plan stehen, wenn die Kinder ganz bockig werden. Irgendwie scheinen den Eltern diese Strategien dann aber selbst nicht die besten, um den größer werdenden lieben Kleinen beizukommen.

*Das Verhältnis zwischen Eltern und Kindern besteht nicht aus Befehlen und Gehorchen, sondern es erfordert Kompromissbereitschaft von beiden Seiten. Erziehen könnte heißen: Einsichten vermitteln und dem Kind die Kraft fürs Leben geben.*

## Machtvorteil der Eltern

*Fast alle Eltern kommen einmal in die Situation, dass ihre Kinder sie zur Weißglut bringen und sie dann ihre elterliche Macht ausspielen. Wenn sich die Lage beruhigt hat, können die Eltern aber auch auf die Kinder zugehen und ihnen die Hand reichen.*

»Also wenn meine Tochter so stur ist oder uns nur frech anschnauzt, dann ist ganz klar: Solange Du die Füße unter meinen Tisch stellst, sage ich, was hier passiert.« (Ein Vater)

»Solange du die Füße unter meinen Tisch stellst…«, dieser Satz, in der Generation der Großeltern vielleicht gang und gäbe, scheint uns heute veraltet. Das Prinzip des Druckausübens, das dahinter steckt, ist jedoch nach wie vor aktuell. Wer Glück hat, erreicht damit Gehorsam. Wohl fühlen sich die meisten Eltern aber nicht damit. Sie handeln aus einer Not heraus. Sie haben vielleicht zu lange gewartet, ihre Grenzen deutlich zu machen, und sind jetzt hilflos, dem Kind angemessene Grenzen zu zeigen. Sie fühlen sich selbst mit dem Rücken an der Wand und stellen auf diese Weise auch ihre Kinder mit dem Rücken an die Wand.

Es werden Machtkämpfe ausgefochten. Je jünger das Kind ist, desto wahrscheinlicher sind die Eltern die Sieger. Aber wenn sie darüber nachdenken, haben Sie keinen wirklichen Sieg errungen und es bleibt ein Grummeln im Bauch zurück.

Die Angst: »Wenn man ihnen den kleinen Finger reicht, nehmen sie gleich die ganze Hand«, beschränkt Eltern nur in ihrem Handeln. Ein Vater, der diese Angst hatte, dass seine Tochter ihm sonst auf der Nase herumtanzen würde, bekam von anderen Gruppenmitgliedern gesagt: Geben Sie ihr doch die ganze Hand. Er war sehr erstaunt. In der nächsten Stunde erzählte er, dass er jetzt viel gelassener sei.

### Und wenn gar nichts mehr hilft

»Ich denke mir, eine Tracht Prügel kann doch nicht schaden. Dann hat man ein ordentliches Gewitter, aber dafür ist hinterher die Luft wieder rein. Das ist doch allemal besser als irgendeine seelische Grausamkeit.« (Ein Vater)

## »SCHLAGENDE« ARGUMENTE

*»Mein Sohn hat mich in einem Streit furchtbar provoziert. Er hat sich auf den Boden geschmissen und gesagt: Schlag mich doch, schlag mich doch kaputt. Ich bin völlig ausgerastet und habe zugeschlagen. Hinterher haben wir uns in den Armen gelegen und beide furchtbar geweint.«*

Eine Mutter

Nur 19 Prozent der Deutschen sind der Meinung, dass jede körperliche Züchtigung von Kindern strikt zu vermeiden sei. 81 Prozent meinen, dass ein Klaps zur rechten Zeit und in bestimmten Situationen nicht schaden könne. (Emnid-Umfrage, 1997)

### Prügel als Strafe?

Lange Zeit waren Prügel kein öffentliches Thema. Zum letzten Mittel zu greifen, war nicht salonfähig. Glaubt man den Umfragen, hat sich das geändert. Tatsache ist aber auch, dass es Eltern gibt, die Prügel zwar nicht als geeignetes Mittel ansehen, die aber dennoch ihre Kinder schlagen. Sei es aus Zorn, sei es aus Unbeherrschtheit oder aus Verzweiflung. Sei es, dass sie sich einfach nicht anders zu helfen wissen, weil die Kinder sie provozieren oder ihre Erwartungen nicht erfüllen.

»Haue ist kurz, und Schimpfe tut nicht weh, war bei uns gängiger Spruch. Wir waren zu sechst und mein Vater war fürs Strafen zuständig, wenn er abends nach Hause kam. (Reiner, 34 Jahre)

»Meine Mutter hat mich regelmäßig als junges Mädchen geschlagen, das nehme ich ihr heute noch übel. Ich wurde sehr jung Mutter und habe das mit meiner Tochter auch gemacht. Darüber könnte ich heute noch weinen.« (Anna, 42 Jahre)

*Für oder wider die Prügelstrafe – sind Schläge ein heute noch akzeptiertes Erziehungsmittel? 81 Prozent der Deutschen meinen, dass ein Klaps zur rechten Zeit nicht schaden kann.*

*Schlagen sollte strengstens verboten sein! Kinder haben eine große Angst vor Misshandlung, Vergewaltigung und vor Schlägen.*

**Schläge haben schwerere Konsequenzen als ein paar Tränen: Sie prägen sich tief im Unterbewusstsein ein.**

*Wer als Kind von seinen Eltern regelmäßig geschlagen wurde, wird dieses Trauma oft sein ganzes Leben lang nicht los.*

Schläge sind kein geeignetes Mittel. Zu keiner Zeit, auch nicht in Ausnahmefällen. Schläge sind nicht einfach körperliche Schmerzen. Schläge haben seelische Konsequenzen. Sie wirken erniedrigend und beschämend bis ins hohe Alter hinein.

Das Kind ist hilflos der Macht des Erwachsenen ausgeliefert, und es empfindet dabei Ohnmacht und Wehrlosigkeit. Hat man als Erwachsener die körperliche Grenze des Kindes überschritten, kann es nur eines geben – man muss sich entschuldigen. Und man sollte sich Maßnahmen überlegen, wie man in Zukunft solche Situationen vermeiden kann. Wer sich häufiger dabei erwischt, dass ihm die Hand ausrutscht, sollte sich Hilfe und Unterstützung in einer Beratungsstelle holen.

### Gespräche statt Schläge

In China werden schon Kinder ab drei Jahren hart geprügelt, damit sie es später zu etwas bringen. Es wird auch streng hierarchisch geprügelt; wer beispielsweise zum Akrobaten ausgebildet wird, bekommt auch Schläge vom Meister.

84

Werden Kinder gefügiger nach Schlägen, so ist das keine Reaktion aus Einsicht, sondern pure Angst und Resignation.

»Schläge demütigen, sie beschädigen die Würde des Erziehers und des Kindes. Schläge als Mittel des Grenzensetzens sind Eingeständnisse von Niederlagen. Schläge kennzeichnen und produzieren verwundete Menschen.« (R. Dreikurs, Psychologe)

Julia Theuerkauf (15) und Sebastian Fischer (19) aus Kassel haben für Spiegel special einen Erziehungsratgeber erstellt. Daraus zwei Tipps:

→ Eine funktionierende Eltern-Kind-Beziehung beruht auf der Möglichkeit zur Aussprache. Schlagen ist strengstens verboten.

→ Kinder haben die größten Ängste vor Misshandlung, Vergewaltigung oder Schlägen. Eltern und Kinder müssen über diese Themen reden.

*Zwei Jugendliche aus Kassel haben einen Erziehungsratgeber erstellt. Ein wichtiger Grundsatz darin ist, dass eine funktionierende Eltern-Kind-Beziehung auf der Möglichkeit zur Aussprache beruht.*

## Die Fünf-Minuten-Vorwarnung

Handeln, bevor es zu spät ist, ist eine gute Maxime. Wenn ich mein Kind auf dem Spielplatz plötzlich überrasche und sage: »Judith, komm bitte, wir müssen sofort nach Hause«, sollte es mich nicht wundern, wenn die Kleine Nein sagt oder gar nicht reagiert. Sie ist vielleicht gerade damit beschäftigt, einen wichtigen Tunnel zu ihrem Freund Lukas zu bauen, und wenn der nicht fertig wird, dann kommt sie nie dorthin.

Wir werden auch nicht gerne unterbrochen, wenn wir gerade die Küche wischen und der Fußboden unter Wasser steht oder wenn wir mit einer komplizierten Arbeit beschäftigt sind.

Auf dem Spielplatz wäre es eine gute Möglichkeit, dem Kind anzukündigen, dass man gehen möchte. »Judith, wir müssen in fünf Minuten nach Hause, hör dann bitte auf!« Vielleicht kann das Kind dann den Tunnel noch fertig bauen.

*Kinder haben die Fähigkeit, sich sehr intensiv in eine Sache zu vertiefen und brauchen dann Zeit, um sich umzustellen.*

85

*Man erleichtert dem Kind einen Aufbruch, indem man sein Interesse auf etwas Neues lenkt. Machen Sie zum Beispiel aus dem Heimweg ein kleines Wettrennen, oder räumen Sie nach dem Spielen gemeinsam das Zimmer auf.*

Wenn das nicht geht, können Eltern auch mit ihren Kindern das Spiel gemeinsam zu Ende bringen, die Spielsachen einräumen und dann aufbrechen. – Wenn dann immer noch Geschrei ist, sollten sie ruhig und geduldig aber bestimmt auf der Notwendigkeit bestehen zu gehen. Das kann am Anfang unter Umständen bedeuten, ein zeterndes Kind nach Hause zu schleppen.

Was bei einem Abschied hilft, ist auch die Freude auf etwas Neues. Es fällt jedem Kind leichter, den Spielplatz und die Freunde zu verlassen, wenn es etwas Schönes vor sich hat. Zum Beispiel alle Mauern, die auf dem Heimweg kommen, entlanglaufen oder noch einen Kakao trinken oder das Sandmännchen anschauen oder …

Machen Sie ein Spiel aus dem Aufbrechen vom Spielplatz. Sagen Sie beispielsweise: »Auf die Plätze, fertig, los!« und rennen Sie dann gemeinsam bis zur nächsten Straßenecke.

## Kompromisse machen können

*Zu viele Vorschriften belasten ein Kind. Wer in manchen Streitfällen Verhandlungsbereitschaft zeigt, ist nicht schwach, sondern er beweist damit eher seine Stärke.*

Je älter und redegewandter die Kinder werden, umso besser lernen sie auch zu verhandeln. Die Argumente werden immer unschlagbarer: Ich finde das nicht richtig, dass immer nur ihr Eltern die Bestimmer seid. Oder auch: Wenn ich nur eine halbe Stunde rüber zu Johnny darf, dann lohnt sich das ja kaum, dann schaffen wir es grade mal, unser Spiel aufzubauen.

Verhandeln ist gut. Verhandeln ist aber auch anstrengend. Manche Eltern stöhnen darüber, sich ständig wie beim Feilschen auf dem Jahrmarkt zu fühlen. Sie wünschen sich vielleicht häufiger ein festes Ja oder Nein. Das muss es natürlich auch geben; zur Entlastung beider Seiten.

Wichtig: Wer verhandelt, zeigt Stärke, nicht Schwäche, wie vielleicht manche glauben. Es gibt Themen, über die lässt sich verhandeln: Fernsehzeiten, Taschengeld, Ausgehzeiten usw.

## GUTE ARGUMENTE

*»Wir verhandeln mit irgendwelchen Argumenten. Wenn wir fernsehen möchten, sagen wir zum Beispiel, dass man aus dem Fernsehen auch was lernen kann. Aus Krimis lernt man, wie es in anderen Städten aussieht, weil die werden ja meist in Amerika gedreht.«*
Jakob und Max, 10 Jahre

*Verhandeln ist gut! Jeder kann dabei sein Anliegen vortragen, gleichzeitig werden Standpunkte geklärt und Missverständnisse ausgeräumt.*

Eine Verhandlung sollte ein Ergebnis haben, an das sich beide Seiten halten. Kindern, die abends noch mehr vorgelesen haben möchten, können wir sagen: In Ordnung, ich lese noch ein Kapitel, und dann wird das Licht ausgemacht.

Einerseits haben die Kinder so das Gefühl, dass wir auf ihre Wünsche eingehen, andererseits werden sie zur Mithilfe motiviert. So etwa, wenn es um das leidige Aufräumen geht. Keiner möchte es alleine machen. Das Kind fühlt sich vielleicht auch noch nicht in der Lage dazu: Wenn du mit anpackst, helfe ich dir, dein Zimmer aufzuräumen. Das wäre die Möglichkeit für einen Kompromiss, der beiden hilft.

### Gemeinsame Freizeit als Stressfaktor

Es ist hilfreich, Situationen, die häufiger wiederkehren, einmal grundsätzlich auszudiskutieren. So haben beide Seiten auch für künftige Fälle schon eine verbindliche Regel und müssen nicht jedes Mal neu verhandeln.

Eine Mutter von zwei Kindern schildert ihren ständigen Ärger, wenn es um den sonntäglichen Familienausflug ging. »Immer bestimmt ihr«, war der Vorwurf ihres achtjährigen Sohnes. Dann hatten die Familienmitglieder ausgehandelt, dass sie sich bei der Entscheidung abwechseln, wohin der Ausflug geht. Einen Sonn-

*Konfliktsituationen, die in der Familie häufig auftreten, sollten ausführlich besprochen werden. Dann werden Regeln erarbeitet, an die sich jeder halten kann.*

tagsausflug durften die Kinder aussuchen, den folgenden die Eltern. Wenn es trotz dieser Abmachung weiterhin Ärger gab, verwiesen die Eltern auf die Vereinbarung, die sie mit den Kindern getroffen hatten.

Halten sich Kinder überhaupt nicht an das Vereinbarte, ist zu überlegen, welche Gründe der Vertragsbruch hat: Wollen sie die Gültigkeit der Vereinbarung auf die Probe stellen, oder gibt es vielleicht andere Einflüsse, die das Kind daran hindern, getroffene Abmachungen einzuhalten?

Ist der Boykott vielleicht Ausdruck eines Protestes gegen Unstimmigkeiten in der Familie? Oder ist er Ausdruck einer Unsicherheit oder Traurigkeit über etwas anderes, worauf das Kind aufmerksam machen will?

## Lernen, sich auseinander zu setzen

*Verhandeln lernen heißt einerseits lernen, seine Ziele durchzusetzen, auf der anderen Seite aber auch, kompromissfähig zu werden.*

Verhandeln lernen heißt auch üben, Ziele durchzusetzen, ernst genommen zu werden. Aber es bedeutet ebenso, mit in die Verantwortung einbezogen zu werden.

Auf der anderen Seite bedeutet ein Verhandeln aber auch kompromissfähig zu werden. Beide Seiten lernen dabei, den anderen besser zu verstehen, ihren Standpunkt darzustellen und sich auch entgegenzukommen.

### DEN SCHADEN MITTRAGEN

*»Jonas verliert häufig seine Spielsachen oder auch Fußballklamotten. Wir haben die Vereinbarung getroffen, dass er bei künftigen Verlusten immer einen Anteil von seinem Taschengeld beisteuern muss.«*

Mutter, zwei Kinder

Über manche Dinge
verhandelt man besser
mit seinem Kind,
anstatt es ständig
erfolglos zu ermahnen.

»Eltern müssen lieb gewonnene Standpunkte auch mal aufgeben, denn ein Kompromiss ist immer noch besser als eine Niederlage.« (Julia Theuerkauf und Sebastian Fischer)

*Daran führt kein Weg vorbei: Manchmal gibt es unterschiedliche Rechte für Eltern und Kinder.*

## Was Du darfst, darf ich auch

»Ihr zieht ja auch nicht eure Schuhe aus«, oder »wenn du rauchst, will ich das auch.« »Du kannst ja in deinem Zimmer auch machen, was du willst.« »Ihr könnt ja auch fernsehen, solange ihr wollt.« Diese Argumente werden oft gebraucht.

Die Beispiele dessen, was Eltern machen, Kinder aber nicht dürfen, ließen sich endlos fortsetzen. Die Entgegnung der Eltern: »Was dem höchsten Gott erlaubt ist, ist dem Ochsen noch lange nicht erlaubt«, lässt eher unbefriedigte Kinder zurück. Andererseits macht diese lateinische Spruchweisheit klar, dass es unterschiedliche Rechte für Eltern und Kinder gibt.

**VORGELEBTES WIRD NACHGEAHMT**

*»Wenn unsere Kinder weinen, ist es für uns ganz selbstverständlich, dass wir zu ihnen hingehen, sie umarmen und sie trösten. Unsere dreieinhalbjährige Tochter hat das offenbar so verinnerlicht, dass sie das mit ihrem kleinen Bruder auch schon macht. Neulich, als er weinte, ist sie zu seinem Kinderbettchen gerannt, und ich hörte sie sagen: Sei nicht traurig, die Mami kommt ja gleich.«*

Mutter, zwei Kinder

*»Bei meinem Vater guck' ich mir was ab. Der ist eben sehr gut bei Computern. Ich möchte auch so gut bei Computern werden.« »Und Manieren: Wenn ich jetzt Scheiß gebaut hab', erklärt er mir immer, wie man das machen muss, und dann mach' ich das irgendwie.«*
Jakob und Max, 10 Jahre

Dennoch gibt es Dinge, die durchaus für alle gelten können. Durch positive Beispielgebung lernen Kinder oft viel einfacher als durch ständiges Ermahnen. »Wir ziehen unsere Schuhe aus, tu du es bitte auch, es erspart uns häufigeres Putzen.« »Wir haben beim Essen auch nicht die Füße auf dem Tisch, mach du das bitte auch nicht«, muss gar nicht erst gesagt werden.

## Vorleben als erzieherischer Plan

Ein Vater, der von seiner Tochter Zurückhaltung in punkto Süßigkeiten verlangt, selbst aber ständig Sahnetorten verschlingt, wirkt unglaubwürdig. Ebenso einer, der absolute Aufrichtigkeit von den Kindern fordert, sich selbst aber häufig am Telefon von Frau und Kindern verleugnen lässt, wenn der Chef anruft: »Sag, ich bin nicht da«, obwohl er doch genüsslich vor dem Fernseher hockt.

Kinder lernen als erstes durch Nachahmung. Sie tun das, was sie sehen, hören und spüren. Das gilt für positive wie für negative Gewohnheiten. Wenn Eltern gewohnt sind, mit so genannten Kraftausdrücken zu reden, ist es schwer, auf der anderen Seite

90

den Kindern klarzumachen: Sch … sagt man nicht. Es wirkt zumindest nicht sehr überzeugend. Viele Dinge, die wir unseren Kindern sagen oder verbieten, sollten auch für uns gelten. Diese Glaubwürdigkeit macht es auch uns selbst leichter.

*Hin und wieder eine Ausnahme zu machen, untergräbt nicht gleich die Autorität der Eltern. Ausnahmen sind vielmehr ein Zeichen des Entgegenkommens und sie zeigen Beweglichkeit.*

## Ausnahmen sind erlaubt

Ausnahmen dürfen sein. Sie untergraben nicht die elterliche Autorität. Im Gegenteil, sie sind auch Ausdruck von Menschlichkeit und Beweglichkeit. Als Ausnahme gekennzeichnet, zeigen sie auch gleichzeitig an, wie die Regel lautet.

»Einmal hieß es: Am Freitag wird kein Skateboard gefahren. Dann wollte ich aber zu meinem Freund, und der fuhr auch Skateboard, da haben sie gesagt: Okay, wenn der Skateboard fährt, dann machen wir eine Ausnahme, dann darfst du auch. Das fand ich gut.« (Max, 10 Jahre)

Denkbar sind Ausnahmen in allen Lebenslagen: Ausnahmsweise nach dem Zähneputzen noch ein Eis, ausnahmsweise auf dem Rücken getragen werden, ausnahmsweise noch einen Film im Fernsehen anschauen, ausnahmsweise nach dem Abendbrot noch

**»Ich durfte den Film noch mitgucken, weil dann meine Eltern den selber so lustig fanden.«**

mal nach draußen zum Spielen.

»Neulich wollte ich unbedingt noch aufbleiben und einen Film gucken. Ich sollte aber ins Bett und bin dann beleidigt in mein Zimmer gegangen und hab da ein bisschen gemalt. Plötzlich kam der Papa nochmal und hat mich geholt. Ich durfte den Film dann noch mitgucken, weil meine Eltern den selber so lustig fanden.« (Charlotte, 10 Jahre)

*Lebenssituationen sind unendlich verschieden. Wer auch mal eine Ausnahme gewährt, würdigt diese Unterschiedlichkeit.*

Ausnahmen sind etwas Besonderes und auch so zu verstehen. Das Leben ist kein gleichförmiger Fluss, sondern es hält jede Menge kleiner und großer Strudel bereit. Warum nicht auch als Belohnung, als Zeichen innerer Verbundenheit, als Anerkennung für eine besondere Leistung oder als Trost für ein missglücktes Unternehmen einmal eine Ausnahme machen?

### Ausnahmen auch als Überraschung

Abweichungen von der Regel können eine große Wirkung haben. Eine Mutter, die Jahr und Tag immer für ihre Familie da gewesen ist, äußert in einem Jahr ganz plötzlich den Wunsch, ausgerechnet zu Weihnachten für fünf Stunden arbeiten gehen zu wollen. Ihre ständige Präsenz zu Hause war von allen bis dahin als völlig selbstverständlich angesehen worden. Jetzt will sie auf einmal ihre Familie für diese überschaubare Zeit und an diesem beson-

*Abweichungen von sonst gültigen Regeln können große Wirkungen haben und bringen ganz neue Erfahrungen.*

### UNERWARTETE NACHSICHT

*»Ich erinnere mich noch, wie wir als Elf-, Zwölfjährige mit einer Truppe von drei Freunden Sandklumpen in ein offenes Fenster warfen. Es hat wahnsinnigen Spaß gemacht, sie am Vorhang zerbröseln zu sehen. Plötzlich erwischte uns die Bewohnerin des Hauses und zitierte uns heran. Geduckten Hauptes kamen wir näher, Schimpfe und Dresche von ihr und von unseren Eltern erwartend. Doch sie fragte nur: Wart ihr das? Als wir die Frage notgedrungen bejahten, gab sie uns jedem einen Lutscher und bat uns, das nicht wieder zu tun. Ehrensache, dass wir uns daran gehalten haben.«* Simon, 34 Jahre

Überraschungen haben
nur dann eine positive
Wirkung, wenn sie in
einer Atmosphäre
der Geborgenheit
geschehen.

deren Feiertag ihrem Schicksal überlassen. Die Familie reagiert
zunächst empört auf dieses Ansinnen.

Mit der nächsten Überlegung besteht die Möglichkeit für eine
positive Veränderung: Nicht die Mutter trifft alle Vorbereitungen
für das Weihnachtsfest, sondern Vater und Kinder schmücken
gemeinsam den Baum und bereiten das Essen vor. Für beide Seiten ist das sicher eine neue, bereichernde Erfahrung.

Überraschungen können helfen alte, verkrustete Verhaltensmuster aufzulösen. Sie müssen natürlich adäquat sein. Es geht
nicht ums Erschrecken, nicht darum, die Kinder leichenblass
und verängstigt werden zu lassen. Ein Kind, das jeden Morgen
im Kindergarten beim Abschied von der Mutter quengelt, mit der
Drohung zu »überraschen«: »Dann hol ich dich eben gar nicht
mehr ab«, ist sicher nicht das geeignete Mittel.

Überraschungen im Erziehungsalltag sind unerwartete Verhaltensweisen der Eltern, die neues Nachdenken oder neues Verhalten bei Kindern bewirken können.

*Unerwartete Verhal-
tensweisen sind
Überraschungen im
täglichen Einerlei.
Sie bringen Bewegung
in festgefahrene
Verhaltensmuster und
fordern zum Über-
denken auf.*

# Bis hierhin
# und dann weiter

**»Grenzpfähle sind wie Leuchttürme, sie weisen eine Zeit lang auf sicheres Fahrwasser hin, leiten bis zu einem anderen Fahrwasser oder bis das offene Meer erreicht ist, in dem nach anderen, verlässlicheren Koordinaten Ausschau gehalten wird.«** *Jan-Uwe Rogge*

## Grenzen sind vergänglich

*Grenzen sind Orientierungspunkte – ähnlich wie Leuchttürme.*

Mühsam sind die Grenzen abgesteckt worden, und das ist auch gut so. Je älter Kinder werden, umso mehr verinnerlichen sie die Werte, die wir ihnen vermitteln. Jakob weiß, dass er nicht mit einem Messer auf seine Schwester losgehen soll, Hauen und Beißen sind auch verpönt. Sybille hat gelernt, dass Lügen nicht gerade die angesagte Umgangsform ist, sie möchte auch von ihren Eltern die Wahrheit hören, wenn sie zum Beispiel fragt, wohin sie heute abend gehen. Moritz kann Mein und Dein auseinander halten. Er weiß das Umfeld anderer zu respektieren. Moses hat gelernt, sich um Tiere zu kümmern und sie nicht einfach totzumachen. Susie setzt sich schon im Kindergarten für die kleineren Kinder ein, damit die auch zu ihrem Schokoladenpudding kommen.

*Je älter und vernünftiger Kinder werden, desto mehr festigen sich die Werte, die ihnen mit der Erziehung vermittelt worden sind.*

Grenzen im Umgang mit anderen werden sich im Laufe des Lebens vielleicht noch erweitern oder abwandeln, grundsätzlich bleiben sie jedoch bestehen. Zu Beginn von den Eltern vorgelebt und erklärt, später aus eigener Verantwortung angewendet.

# Grenzen haben Grenzen

Dann gibt es da aber noch altersbedingte Grenzen: Der zwei-jährige Thomas erhält zum Essen Plastikteller und Kinderbe-steck, die vierjährige Marie darf bis zur nächsten Straßenecke alleine vorlaufen, der achtjährige Marcel muss um halb acht zu Hause sein, die dreizehnjährige Susann bekommt zwanzig Mark Taschengeld im Monat.

Soweit alles in Ordnung? Von wegen: Manchmal kommt es einem so vor, dass sich Grenzen, kaum dass sie aufgezeichnet sind, schon wieder selbst ausradiert haben. Die Schlagbäume sind morsch, versetzt oder wegtransportiert worden, die Pfähle brau-chen einen neuen Platz.

Spätestens ein Jahr nach Aufstellung sind diese Grenzen längst nicht mehr gültig. Thomas hat richtiges Essgerät, Marie darf schon alleine über die Straße, Marcel darf auch schon mal nach acht Uhr nach Hause kommen, und das Taschengeld von Susann musste ebenfalls erhöht werden.

Mit anderen Worten: Auch Grenzen haben Grenzen. Für solche Alltagsregeln gibt es eine begrenzte Lebensdauer. Sie sind eine Zeit lang gültig und überleben sich dann selbst.

*Grenzen sind nicht für immer festgelegt, sie verändern sich im Laufe des Lebens. Wir müssen die Grenzen, die wir unseren Kin-dern setzen, immer wieder neu überden-ken. Das heißt, sie müssen dem zuneh-menden Alter sowie der wachsenden Erfahrung angepasst werden.*

**Grenzen müssen sich an das Leben an-passen und nicht das Leben an die Grenzen.**

## Grenzen sind beweglich

*Ein flexibler Umgang mit Grenzen sorgt für ein besseres Auskommen von Eltern und Kindern.*

Grenzen sind nicht einfach nur so da. Sie sollten immer einen Sinn haben und niemals Selbstzweck sein. Denn dann verkommen sie lediglich zu einem stumpfen Machtbeweis, nach dem Motto: Das ist jetzt eben so.

Im Gegenteil ist es immer wieder wichtig, sich nach dem Sinn einer bestimmten Grenze zu fragen. Je älter unsere Kinder werden, desto mehr fordern sie uns auch durch ihr Verhalten oder ihre Worte dazu auf, dies neu zu überdenken. Grenzen sind grundsätzlich flexible Vorgaben, die das Auskommen miteinander möglichst konfliktfrei gestalten sollen, und daher muss man sie auch regelmäßig auf ihren Gültigkeitswert überprüfen.

Es geht darum, sich zum Beispiel immer wieder zu fragen: Hat es einen Sinn, dass Martha um acht Uhr zu Hause sein muss, oder wäre es vielleicht »sinniger«, ihr bis halb neun einzuräumen? Kommt sie später, hätte man die Gewähr, dass sie nicht alleine im Dunkeln unterwegs ist, sondern mit einer Freundin zusammen das letzte Stück von der Bushaltestelle gehen kann.

**Kinder sollten nicht nur Grenzen erfahren lernen, sondern auch die Freiheit.**

Mit anderen Worten: Muss die Grenze so bleiben, wie sie ist, oder muss sie ausgedehnt werden, verworfen oder sogar ganz neu gesetzt werden? Oder muss sie flexibel, je nach Situation, gehandhabt werden? Diese permanenten Überprüfungen fordern uns heraus. Um wirklich entscheiden zu können, ob die Grenze bewegt werden muss oder nicht, ist immer wieder unsere Bereitschaft zur Auseinandersetzung notwendig.

»Bei uns wird ständig neu geprüft und neu festgelegt. Mit vier Kindern zwischen sieben und 14 Jahren sind die Bedürfnisse so unterschiedlich. Im letzten Jahr waren zum Beispiel alle vier in einer Ferienfreizeit. In diesem Jahr wollen die Kleinen lieber mit uns fahren. Was die Großen machen, wird noch überlegt.« (Vater, vier Kinder)

*Wer Grenzen in Bewegung bringen will, muss bereit sein, sich Auseinandersetzungen zu stellen.*

## Der Reiz von Grenzen

Grenzen fordern heraus. Sie üben eine magische Anziehung aus – auf Kinder und auf Erwachsene: Mal sehen, ob da nicht doch was drüber geht. Sportler versuchen immer wieder Rekorde zu brechen. Sie wollen sowohl über die Grenzen ihrer Belastbarkeit als auch über die Grenzen des bisher Geleisteten hinausgehen.

Auch Kinder versuchen, endlich den Turm zu erklimmen, an dem sie sich täglich probieren, aber immer wieder abrutschen. Sie wollen ihren Batmans und Supermans nacheifern.

Helden überschreiten ständig Grenzen. Kinder wollen selbst Helden sein und über sich hinauswachsen. So probieren sie, was passiert, wenn sie freihändig auf der Stuhllehne stehen. Trau ich mich alleine durch einen dunklen Wald zu laufen? Es wird getestet: Wie kann ich Mama dazu zu kriegen, eine Eiskugel mehr als normalerweise zu kaufen? Oder: Wie lange muss ich Papa jetzt ärgern, damit er seinen Tobsuchtsanfall kriegt? Natürlich versuchen Sie auch: Wie kann ich die Grenze irgendwie umschiffen?

*Grenzen fordern geradezu heraus, sie auszudehnen und sie zu überschreiten. Grenzüberschreitungen sind Lernprozesse, und sie können das Kind anspornen.*

---

**DIE RUHE SELBST**

*»Meine Mutter ließ sich durch nichts aus der Ruhe bringen. Ich habe alles probiert, dass sie mal aus der Rolle fällt, mal eine menschliche Regung zeigt. Ich habe es nicht geschafft. Sie war immer die Mächtige, die über allem schwebte.«*

Marianne, 38 Jahre

---

*Kinder testen aus, wie weit sie gehen können, wo die Grenzen des anderen liegen: Mal sehen, was passiert, wenn ich einfach nicht zum Essen komme?*

Wenn die Kinder zum Beispiel bei einem Freund sind und da darf nicht Fernsehen angeschaut werden. Dann sagen sie sich vielleicht einfach: Wir gehen jetzt zum nächsten Freund, denn dort dürfen wir bestimmt das Gerät anschalten.

Dieses Austesten ist gleichzeitig ein Überprüfen der Haltepunkte: Mal gucken, was passiert, wenn ich jetzt einfach am Computer sitzen bleibe. Wenn ich Mamas Rufe ignoriere und nicht zum Essen komme. Bringt sie mir das Essen vielleicht hoch? Ruft sie nochmal? Wärmt sie es mir später, wenn es schon kalt ist, wieder auf? Oder muss ich dann tatsächlich hungern? Was wird sie wohl machen?

### Gibt es für meine Eltern auch den Punkt, an dem sie ihre Grenze zeigen?

*»Wenn man wegen der Schule immer rumjammert, aber eine wichtige Prüfung hat, dann sollten Eltern sich konsequent durchsetzen. Das gilt aber nur, wenn die Kinder noch jung sind.«*
Jakob und Max, 10 Jahre

Haltsuche bedeutet für Kinder herauszufinden: Wo habe ich meine sichere Grenze? Auf welches Verhalten kann ich mich verlassen? Auf welche Basis kann ich auch vertrauen? Ist heute noch an derselben Stelle der Schlussstrich, wo er gestern noch gewesen ist?

Für uns als Eltern bedeutet es ebenfalls eine Herausforderung: Wir müssen den Spagat leisten, unseren Kindern feste Grenzen zu setzen, auf die sie sich verlassen können. Gleichzeitig benötigen sie von uns eine Förderung, um an ihre Grenzen zu gehen, und eine sinnvolle Ausweitung vielleicht überkommener Grenzen.

## Wie weit kann ich gehen?

Wenn Ihre Kinder Sie wirklich bis aufs Messer provozieren und ständig an den Grenzen rütteln, sagen Sie sich vor allem eins: Die Beziehung in der am meisten gerüttelt und ausprobiert wird, ist zugleich auch das belastbarste Verhältnis.

Die Kinder und Jugendlichen wissen, dass sie hier etwas ausprobieren können, ohne die Beziehung aufs Spiel zu setzen oder die Liebe der Eltern zu verlieren. Das heißt, Grenzüberschreitungen dienen auch als eine Art Handeln auf Probe: Mal gucken, was passiert, wenn ich verbotenerweise – ohne Führerschein sowieso – mit dem Auto meiner Eltern im Hof rangiere. Mal sehen, wie ich mit dem Zorn der Eltern darüber, dass ich nicht pünktlich zu Hause gewesen bin, zurechtkomme. Mal versuchen, wie ich in der Schule durchkomme, wenn ich ohne Vorbereitung in die Klassenarbeit gehe. Dennoch sind ein Halt und eine Grenze, die auch Sicherheit bieten, gerade in solchen Fällen vonnöten.

*Grenzüberschreitungen sind quasi eine Art Handeln auf Probe. Eltern können diesen Proberaum bereit stellen.*

**Grenzen erfahren: »Mal sehen, wie ich in der Schule durchkomme, wenn ich ohne Vorbereitung in die Klassenarbeit gehe«.**

## Die anderen dürfen das aber

*Nicht selten ist es schwierig zu entscheiden: Was erlaube ich? Was verbiete ich? Eine Orientierungshilfe kann der Entwicklungsstand der Kinder sein.*

Ein beliebtes Argument, Eltern dazu zu bringen, Grenzen zu erweitern, ist: Alle dürfen das, nur ich nicht. Als Eltern tun wir uns schwer, hier die richtige Entscheidung zu treffen, denn wer will schon schuld sein, dass seine Kinder zu Außenseitern werden? »Na gut, dann darfst du auch«, ist dann auch oft die Antwort darauf. Und die Kleinen haben ihren Willen bekommen.

Wenn wir nicht auf die Idee kommen, dass da was nicht stimmen kann. »Ich rufe mal bei Sabine, an«, lässt vielleicht bei manchen Kindern die Alarmleuchte angehen. Die meisten Kinder werden protestieren. Ein »Mach doch«, könnte die Situation klarstellen. In beiden Fällen wäre ein Gespräch nötig, in dem man Folgendes fragen könnte: Was passiert denn da? Wer ist sonst noch eingeladen? Habt ihr keine Möglichkeit, nach Hause zu kommen? Wenn Ihre Fragen erschöpfend beantwortet wurden und Sie der Meinung sind, dass Ihr Kind gut aufgehoben ist und auf sich selbst aufpassen kann, steht dem Ja vielleicht gar nichts entgegen. Sind Sie anderer Meinung, steht auch einem Nein nichts entgegen.

### Versuchen Sie, gemeinsam zu entscheiden

*Gegenseitiges Vertrauen kann helfen, zu einer befriedigenden Lösung zu kommen.*

»Sandra kam aus der Schule nach Hause und berichtete von einer Party im Nachbardorf am Wochenende. Sie wollte mit ihrer Freundin dorthin fahren und auch dort übernachten. Als wir zögerten, meinte sie: Alle fahren dorthin. Ich wär dann wieder die einzige, die nicht darf.« (Mutter, eine Tochter)

Wie immer sie sich in einer solchen Situation entscheiden, wichtig ist: Die Tochter oder der Sohn dürfen nicht deshalb auf eine Party, weil alle anderen auch dürfen, sondern weil die Eltern, im Idealfall gemeinsam mit den Kindern, übereingekommen sind: Sie sind alt genug. Sie können auf sich selbst aufpassen.

100

## TESTEN, WO DIE REIZSCHWELLE LIEGT

*»Meine Tochter hatte sich angewöhnt, wenn sie aus der Schule nach Hause kam, in die Töpfe zu gucken und je nach Laune die Nase zu rümpfen, um sich dann ohne Essen mit einer Tüte Chips auf ihr Zimmer zu verziehen. Zunächst habe ich nur gelächelt und am nächsten Tag wieder für sie gekocht. Irgendwann hab ich jedoch kapiert, dass sie da auch testen will: Wann ist Schluss? Wie lange macht sie's mit? Ich habe ihr gesagt: Ich koche gerne für Dich, aber nicht für den Müll. Wenn ich damit rechnen muss, dass du nicht isst, koche ich nicht mehr. Nach ein paar Tagen kalter Küche kam sie selbst, um mit mir noch einmal darüber zu reden.«*

Mutter, zwei Kinder

*»Unser Zweijähriger hat immer versucht, beim Essen auf den Tisch zu klettern, mit mehreren großen Gabeln zu essen oder in seinem Stühlchen zu stehen. Wir haben dann ein festes Ritual eingeführt, um das Problem zu lösen: Er bekommt immer den gleichen Teller, das gleiche Besteck, dann das Lätzchen und erst zu essen, wenn er auf seinem Platz sitzt. Er hat sich da sehr dran gewöhnt, es scheint ihm sichtlich Freude zu machen, das alles immer wieder selbstständig auszuführen und damit selber zu bewirken, dass er jetzt was bekommt. Er holt sein Lätzchen und gibt es uns zum Umbinden, setzt sich hin, ordnet sein Besteck und hält uns den Teller entgegen.«*

Mutter, zwei Kinder

*Verweigerung und Annahme können sich auch in der Haltung des Kindes zum Essen ausdrücken. Ein Gespräch oder klare Regeln helfen, dass Essen nicht zur Machtprobe wird.*

101

## Grenzen verständlich machen

*Wer seinen Kindern den Ursprung der gesetzten Grenze erklärt, vermeidet, dass die Kinder diese als willkürlich empfinden.*

Erklären sie ruhig Ihren Kindern die Hintergründe Ihrer Erziehungsmaßnahmen. Auch wenn Ihre Sprösslinge dann trotzdem nicht mit allem einverstanden sind, was Sie tun, sauer sind, dass Sie nicht zu allem Ja und Amen sagen, vermitteln Sie ihnen dennoch das Gefühl, dass Ihre Erziehung nicht einfach so aus dem Gefühl heraus entstanden ist, sondern Ihre Aktionen wohl überlegt und sinnvoll sind.

Ein Zwanzigjähriger erläuterte aus seiner Sicht das Dilemma, wenn Eltern alles verstehen und in der Erziehung keine Grenzen setzen: »Die Jugendlichen heute wissen doch nicht mehr, wofür sie kämpfen sollen. Sie dürfen alles. Ihre Eltern haben für alles Verständnis. Das ist langweilig und fordert nicht heraus. Was machen sie? Das Einzige, was sie noch machen können: Sie entwickeln extreme Verhaltensweisen. Damit wissen sie, dass sie ihre Eltern noch provozieren können und vielleicht zu irgendeiner Art Grenzziehung veranlassen können.«

**Viele Jugendliche, die als Kinder für nichts kämpfen mussten, entwickeln später umso extremere Verhaltensweisen, um sich von den Eltern abzugrenzen.**

## Die Chance, Ziele selbst zu erkämpfen

»Wir werden unseren Kindern doch nicht freiwillig anbieten, dass sie abends länger ausbleiben dürfen«, sagte mal eine Mutter in der Gruppe in die Runde und erntete schallendes Gelächter. Diese Vorstellung erschien allen komisch, geradezu absurd. Der Weg muss andersherum gehen. Die Kinder und Jugendlichen sollen sich auch holen, was sie brauchen, sie sollen sich ihre Freiheiten erkämpfen. Sie sollen etwas dafür tun, dass sie abends länger wegbleiben dürfen, dass sie eine besondere Sendung sehen dürfen, dass sie mehr Taschengeld bekommen und ...

Die Grenzerweiterung ist sozusagen eine Belohnung für die Mühen, für den Kampf. Sie hilft, das hartnäckige: »Ich will aber trotzdem« auf der einen Seite durch Grenzen zu stützen. Auf der anderen Seite bietet sie durch stete Verhandlungsbereitschaft auch die Möglichkeit, den Spielraum der Kinder zu erweitern.

*Selbst erkämpfte Grenzerweiterungen haben einen hohen Wert: Die Kinder lernen, ihren Standpunkt zu vertreten.*

## Kinder brauchen Reibungspunkte

»Ist das gut, dann wie ein Fels in der Brandung dazustehen und einfach seinen Standpunkt zu behaupten?« fragte ein Vater. Die Gruppe war erst skeptisch. Starrheit ist natürlich auch nicht gemeint. Es geht darum, den Kindern eine Reibungsfläche zu bieten. Dazu zu stehen und konsequent eine Meinung, die man für sinnvoll hält, zu vertreten.

Kinder und Jugendliche suchen diese Reibung, um sich zu erproben, ihre Fähigkeit zu kämpfen zu testen und um sich abzusetzen gegen andere, natürlich besonders gegen die Erwachsenen.

»Manchmal habe ich den Eindruck, die wollen keinen Frieden. Die kommen nach Hause und suchen den Krach. Die Unterschiedlichkeit zu den Eltern scheint ihnen ganz wichtig. So, als wenn sie dadurch bestätigt haben: Ich bin nicht so wie meine Eltern. Ich bin ich.« (Mutter, zwei Kinder)

# Eltern sind auch Menschen

**»Plötzlich waren wir Eltern, von einem Tag auf den anderen. Es war wie ein Schock. Alles, was ich mir vorgenommen hatte, schien zu verblassen. Ich hatte mich wie bisher mit Freunden treffen, meinen Beruf ausüben wollen. Es sollte sich nicht alles ums Kind drehen. Aber jetzt wusste ich gar nichts mehr, ich war völlig verunsichert.«** *Eine Mutter*

*Von einem Tag auf den anderen dreht sich alles ums Baby.*

## Mutter oder Vater ist kein Lehrberuf

Wir kennen den Spruch: Vater werden ist nicht schwer, Vater sein dagegen sehr. Und es stimmt, Eltern zu sein, das kann man wirklich nicht vorher lernen. Auch Eltern werden so richtig von den Umständen in ihre neue Rolle geworfen. Und da stehen sie dann und müssen mit einer völlig neuen Situation fertig werden, sie sollen ständig etwas tun, was sie vorher noch nie in ihrem Leben gemacht haben. Wie soll das gehen? Zumal es wenig Traditionelles gibt, auf das wir im Umgang mit unseren Kindern zurückgreifen können.

*Was tun, wenn das Baby da ist? – Man will doch alles richtig machen. Aber Fehler gehören dazu: Kindererziehung will gelernt sein – immer wieder aufs Neue.*

Die Verunsicherung beginnt schon bei der Ernährungsfrage. Den Säugling mehrmals täglich – auch nachts – stillen. Wie mache ich das nur richtig? Ob ich das überhaupt kann? Und natürlich bringt das regelmäßige Stillen den ganzen gewohnten Trott des Tagesablaufs durcheinander!

104

# Ein Recht auf Fehler

Die Erziehungsfragen werden mit allen weiteren Tagen und Jahren, die unsere Kleinen älter werden, eher noch komplexer. Für viele Probleme bräuchte man dann eine Beratungsstelle, die Tag und Nacht geöffnet hat.

Es muss wahrscheinlich auch anders gehen, man darf sich erst einmal nicht unter Druck setzen: »Eltern, die unter dem Stress des Alles-richtig-machen-Müssens stehen, denen sage ich, sie haben das Recht auf zehn Fehler am Tag.« (Jan-Uwe Rogge)

In einer unserer Elterngruppen mussten wir diese beruhigende Empfehlung noch erweitern: Zehn Fehler am Tag pro Kind wurden nämlich gefordert, weil viele der teilnehmenden Eltern drei und mehr Kinder hatten.

*Keiner kann alles richtig machen. – Zehn Fehler am Tag sind erlaubt – sagt der Familienberater Jan-Uwe Rogge.*

## Zu den eigenen Fehlern stehen

Mit dem Anspruch: Wir werden alles besser machen, alles anders machen, alles richtig machen, sind wir vielleicht angetreten. Jetzt, da uns die Realität in Gestalt einer eigenen, manchmal unergründlich scheinenden Persönlichkeit, sprich unserem Kind, eingeholt hat, müssen wir feststellen, dass das alles nicht so einfach ist. Auch ich werde ungeduldig, auch ich weiß nicht mehr weiter, auch ich gerate in das Fahrwasser meiner Mutter, schreie, verbiete, bin ungerecht, ohne es zu wollen.

»Erschrocken habe ich irgendwann festgestellt: Ich kann meinen eigenen Sohn nicht riechen. Das darf doch nicht sein, ich meine, ich liebe ihn natürlich, aber da ist irgendetwas zwischen uns wie ein Brett.« (Mutter von zwei Kindern)

Das Eingeständnis: »Ich kann meinen Sohn nicht riechen«, ist ein sehr schwerwiegendes. Denn mit all den Ansprüchen, die wir selbst und viele andere an eine gute Mutter stellen, ist das doch überhaupt nicht zu vereinbaren.

*Es fällt oft schwer, die eigenen Fehler einzugestehen; es hilft jedoch Eltern wie Kindern dabei, schwierige Situationen zu meistern.*

105

### Schuldgefühle belasten

*Kinder führen uns unsere eigenen geliebten und ungeliebten Seiten allzu deutlich vor Augen. Auch darüber kann man gegebenenfalls ins Gespräch kommen.*

Um zu verstehen, was diese Mutter an ihrem Sohn »nicht riechen« kann, ist es notwendig, ihre und seine Geschichte zu kennen: Der Sohn war vorehelich, ungeplant zur Welt gekommen, und die Mutter hatte es nicht leicht gehabt, in der Schwangerschaft mit den Anfeindungen fertig zu werden. Sie hatte sich also immer bemüht, ihren Bauch zu verstecken. Die Missbilligung durch die Umwelt und ihre eigene Zwiespältigkeit in Bezug darauf, so früh Mutter zu werden, hatten es ihr schwer gemacht, den Jungen anzunehmen. Gleichzeitig machte sie sich schreckliche Vorwürfe, sich eingestehen zu müssen, dass eine Abneigung ihm gegenüber bestand, die nicht sein durfte. Es plagten sie Schuldgefühle, unverheiratet schwanger geworden zu sein und den Sohn nicht voll annehmen zu können.

Kinder führen uns unsere eigenen geliebten und ungeliebten Anteile vor Augen. Das, was die Mutter nicht riechen kann an ihrem Sohn, ist ihre eigene dunkle, ungeliebte Seite. Das Einge-

**Sprechen Sie mit Ihren Kindern über Ihre Schuldgefühle. So können Sie vermeiden, diese belastenden Gefühle auf Ihre Kinder zu übertragen.**

*Wer sich zugesteht, dass es die Ideal-mutter nicht gibt, erleichtert sich vieles.*

## BIN ICH EINE GUTE MUTTER?

*»Als meine Tochter geboren wurde, konnte ich mich gar nicht so freuen. Ich sagte zu meinem Mann: Nimm sie, aber lasst mich in Frieden. Ich habe mir darüber sehr große Vorwürfe gemacht, dass ich nicht so eine gute Mutter sein konnte, wie ich es eigentlich wollte und wie meine Mutter mit Sicherheit auch war. Erst bei meiner zweiten Tochter konnte ich sehen, dass ich doch eine gute Mutter war.«*
Rosemarie, 37 Jahre

ständnis der Mutter, ihren Sohn nicht riechen zu können, war ein gravierender Schritt zum besseren eigenen und gegenseitigen Verständnis.

Ein zweiter, sehr viel schwierigerer Schritt, steht noch an: mit ihrem Sohn darüber zu reden. Ihm zu erklären, wie die Umstände seiner Geburt waren und wie sie auch die Anfeindungen von außen nicht abschütteln konnte und das eigene Schuldgefühl, ein uneheliches Kind zur Welt zu bringen. Der Sohn, der spürt, dass da etwas zwischen ihnen steht, hat so die Chance zu verstehen und einzuordnen. Die Mutter kann ihm klarmachen, dass es nicht sein Fehlverhalten oder sein Makel ist, mit dem sie Probleme hat, sondern, dass es ihre »dunkle« Seite ist.

*Manchen Müttern gelingt es erst beim zweiten Kind, ihre Gefühle zu zeigen. Auch darüber sollte man reden.*

### Man kann nicht alles richtig machen

Wenn man keine Fehler machen wollte, müsste man alle unge-liebten Anteile in sich ausblenden. Die wären dann woanders hin verlagert, in diesem Falle auf die Kinder. Und die wüssten nicht, wie ihnen geschieht. Es geht darum, Probleme anzusprechen und sie zu bearbeiten. Für sich, mit sich und auch mit den Kindern.

### Die prägenden Jahre

*In den ersten sechs Lebensjahren werden die Grundlagen für Selbstvertrauen sowie für das Vertrauen in andere gelegt.*

Einen ähnlichen Fall schildert die, mittlerweile verstorbene, französische Psychoanalytikerin Françoise Dolto. Eine Mutter schreibt ihr, sie habe eine dreijährige Tochter und einen kleinen Sohn. Das erste Kind sei ihr bei der Geburt fremd gewesen, erst nach der Geburt des Sohnes habe sie sich als Mutter gefühlt. Sie vermutet, mit ihrem Verhalten für ihre Tochter in den ersten drei Lebensjahren traumatische Situationen geschaffen zu haben. Ihre Frage: Kann man das wieder ausgleichen? Sie hat nämlich gehört, dass in den ersten drei Lebensjahren die Würfel für die Entwicklung eines Kindes sozusagen gefallen sind. Dolto macht zunächst darauf aufmerksam, dass das erst mit sechs Jahren so sei. Das heißt, dass in dieser Zeit die Grundsteine für Vertrauen in andere und Selbstvertrauen gelegt werden.

*Erklärungen helfen den Kindern, Ungereimtheiten besser einzuordnen, auch wenn das Geschehene schon weit zurückliegt.*

Dann antwortet sie: Was geschehen ist, ist geschehen. Jetzt kommt es darauf an, mit dem Kind zu sprechen, wenn es älter wird. Und wenn es eines Tages sagt: Ich finde, du hast mich gar nicht lieb, sollte man ihm antworten: Doch, ich habe dich lieb, aber stell dir vor, als du geboren wurdest, wusste ich überhaupt nicht, was es bedeutet, Mutter zu sein, und vielleicht hast du es mir beigebracht … Dank deiner Hilfe habe ich es dann auch für deinen Bruder gelernt.

## Kinder brauchen Klarheit

Es ist wichtig, die Kinder nicht mit irgendwelchen Ahnungen alleine dastehen zu lassen. Für das sich ungeliebt fühlende Mädchen wird es entlastend sein, eine Aufklärung für ihr Gefühl zu erhalten. Es wird das Kind erleichtern zu hören, dass die Mutter eine Schuld zugibt, dass mit ihm selbst aber nichts komisch ist. Für die Mutter bedeutet das: Sie kann ihre Wutanfälle und Unge-

## SOLDATENUNIFORM

*»Florian wollte zu Karneval unbedingt als Bundeswehrsoldat gehen. Da ich sehr gegen alles bin, was mit Waffen und Schießen zu tun hat, hab ich ihm das strikt untersagt. In den nächsten Tagen ist er ganz bedröppelt rumgelaufen. Er hatte sich bei der Oma ausgeweint und zu mir nichts mehr gesagt. Als mein Mann mich dann ansprach, dass es für ihn vielleicht eine ganz andere Bedeutung habe, bin ich zu ihm hin. Im Gespräch wurde mir klar, dass er selbst große Angst vor dem Krieg hat, dass er durch das Spiel auch die Möglichkeit hat, diese Angst zu verarbeiten. Ich hab ihm gesagt, dass ich das zwar nicht so toll finde, es aber akzeptiere und er das Soldatenkostüm bekommt. Er war ganz glücklich.«*

Erzieherin, Mutter von zwei Kindern

*Manche Kinder leben Ängste und Probleme im Rollenspiel aus. Das hilft ihnen, psychische Belastungen zu verarbeiten.*

rechtigkeiten, die sie vielleicht gegenüber der Tochter gezeigt hat, nicht mehr ändern, aber sie kann an ihnen arbeiten, auch in einer für die Tochter verständlichen Form.

Offenheit wird beide entlasten. Es geht darum, Fehler einzugestehen. So können Kinder verzeihen und dazu sind sie gerne bereit. Wir sollten dies jedoch nicht überstrapazieren.

Kinder verzeihen ihren Eltern zum Beispiel, wenn sie eine ganze Woche lang nur lernen mussten, um eine gute Note zu schreiben. Und sie verzeihen ihnen, dass sie in dieser Zeit weder Skateboard fahren noch Basketball spielen konnten.

Ein Zehnjähriger meint: »Ich weiß eigentlich kaum was, das man Eltern nicht verzeiht. Wenn man ihnen mal was nicht verzeiht, dann müssen die ganz schön Scheiße gebaut haben.« (Max)

*Kinder sind allzu gern bereit, Fehler zu verzeihen. Eine Entschuldigung macht auch deutlich: Meine Eltern sind nicht unfehlbar. Diese Einsicht entlastet möglicherweise beide Seiten.*

### Fehler können Geschenke sein

*»Mut zur Unvollkommenheit«, fordert der Psychologe Rudolf Dreikurs. Den richtigen Weg zum gegenseitigen Verständnis findet man leichter, wenn man über seine Fehler spricht.*

Das soll heißen, dass wir aus Fehlern lernen. Sie sind Geschenke, weil sie uns in unserer Entwicklung weiterbringen. Fehler können uns näher zusammenbringen, wenn wir sie erkennen und daran arbeiten. Sie können uns dazu bringen, gewisse Probleme wahrzunehmen und dann anders mit ihnen umzugehen.

Wenn Fehler erkannt werden und man dadurch in einen Dialog tritt, können sie helfen, sich gegenseitig besser zu verstehen. »Mut zur Unvollkommenheit«, propagiert der Psychologe Dreikurs. Gemeint ist, sich selbst der Herausforderung des Alles-richtig-machen-Wollens nicht auszusetzen. Zu wissen, dass auch in diesem Bemühen Fehler auftreten. Es geht nicht darum, fehlerfrei zu sein. Wenn Kinder das Gefühl hätten, ihre Eltern seien unfehlbar, würde sie das lediglich beängstigen.

Es ist wichtig, Fehler einzugestehen und etwas daraus zu machen. Wir sind nicht die vollkommenen Eltern und sollten das auch nicht unsere Kindern glauben machen.

## Die eigenen Grenzen achten

*Bevor ich anderen Grenzen setze, sollte ich mir darüber im Klaren sein, was ich ertragen kann und was nicht.*

Wo muss ich eigentlich Grenzen setzen? Diese Frage vieler Eltern ist zum Glück sehr eindeutig zu beantworten: Spätestens da, wo die eigenen Grenzen anfangen. Soweit zum Allgemeinen. Aber dann kommen die Unterschiede, und die liegen wahrscheinlich bei jedem woanders. Wenn Kinder mit dem Essen spielen, einen Wutanfall auf dem Boden austoben, viel zu spät nach Hause kommen, ist das für manche Eltern noch mit Fassung zu ertragen, während andere bereits bei einem verschütteten Glas an der Decke kleben.

Wichtig ist zunächst, die eigenen Grenzen zu kennen. Zu wissen: Kann ich ertragen, wenn die Bürste ständig voller Haare ist und auf dem Fußboden rumliegt, oder ist es mir wichtig, dass die Haare entfernt werden und die Bürste auf dem Bord im Badezimmer zu finden ist? Mache ich mir Sorgen, sobald die Kinder sich um fünf Minuten verspäten, oder ist es für mich noch in Ordnung, wenn es sogar mal eine halbe Stunde später wird? Kann ich es aushalten, wenn die Kleidungsstücke der Kinder einige Zeit im Wohnzimmer verstreut rumliegen, oder bringt mich das schon zur Weißglut?

## Kinder sollten die Grenzen der Eltern kennen

Entweder sollten Erwachsene die Kinder rechtzeitig vorwarnen, dass die Grenze des Erträglichen bald erreicht ist, oder es findet ein Gespräch im Vorfeld statt, in dem erläutert wird, warum Eltern das oder jenes nicht schätzen.

Sagen Sie nicht »man«, wenn Sie Beispiele nennen – »man tut dieses oder jenes nicht« – ist keine einleuchtende Erklärung für bestimmte Grenzen und Verbote. »Ich bin doch nicht man«, haben wir früher darauf geantwortet.

Sprechen Sie von sich, machen Sie deutlich, dass Ihnen etwas missfällt: Mir gefällt es nicht, wenn die Kleidungsstücke auf dem Wohnzimmerfußboden rumliegen. Ich mache mir Sorgen, wenn du so spät nach Hause kommst. Das ist persönlich, macht aber gleichzeitig deutlich, dass das für andere Menschen durchaus anders sein kann, für Sie aber eben so ist und darum geht es doch in der betreffenden Situation.

*Es ist gut, seine ganz persönlichen Grenzen zu kennen und zu akzeptieren. Sie liegen bei jedem Menschen woanders und können sich sogar von Tag zu Tag verändern.*

Die persönlichen Grenzen sind sehr vielfältig, möglicherweise auch nicht jeden Tag gleich. Wir sollten sie auf jeden Fall kennen und uns auch zubilligen. Kann ich, wenn ich nach Hause komme, mit den Kindern im Spielzimmer verschwinden und mich sogleich vereinnahmen lassen? oder brauche ich erst einmal eine Zeit, um anzukommen und zu mir zu finden, bevor ich mich auf Räuber und Gendarm einlassen kann?

111

### Zeitpläne aufstellen

*Ein Vorschlag für die Zeitplanung: Jedes Familienmitglied hängt sich ein Schild an seine Zimmertür. Auf einer Seite steht: Bitte noch fünf Minuten Pause, auf der anderen: Sofort bereit zum Spielen. So wissen Eltern und Kinder, woran sie sind, und es werden Missverständnisse vermieden.*

Wenn wir nach Hause kommen und schlapp sind, brauchen wir vielleicht wirklich zuerst eine Verschnaufpause und können uns dann viel gelassener und ruhiger den Problemen und Wünschen der Familie widmen. Die Kinder sollten diese Grenzen kennen. Sie können mit ihnen Vereinbarungen treffen, wann die Zeit für die Kinder da ist und wann Sie für sich selbst eine Auszeit benötigen. Wenn Sie Angst haben, den Kindern zu wenig Zeit zu widmen, richten Sie ein paar feste gemeinsame Stunden ein.

Wenn dazu nicht jeden Tag die Zeit reicht, ist es für den Sohn auch schon gut zu wissen: Der Sonntag vormittag gehört mir. Da ist klar, dass der Vater für mich Zeit hat.

Malen Sie gemeinsam mit den Kindern Schilder, auf deren eine Seite Sie schreiben: Bitte noch fünf Minuten Pause; auf der anderen Seite steht: Sofort bereit zum Spielen. Eltern und Kinder bekommen so ein Schild, das sie nach Bedarf außen an ihrer Tür aufhängen können. Wenn jeder in der Familie so ein Schild hat, haben die Kinder auch das Gefühl, einen Zeitpunkt des Zusammenseins mitbestimmen zu können.

## Wo Eltern Halt finden können

»Wer versteht uns eigentlich? Wo können wir denn mal Entlastung finden?« fragen Eltern immer wieder. Eine wichtige Frage, die vor dem Hintergrund so manchen mühseligen Erziehungsalltags häufig in Vergessenheit gerät.

Wir haben in einer Gruppe zu diesem Thema eine Runde gemacht und gefragt: Wo haben Sie Ihren Halt?

→ Einige finden Halt bei ihrer Partnerin/ihrem Partner.

→ Andere sehen einen Halt in Gott oder sprechen von tiefreligiösen Gefühlen.

112

→ Ein Vater sieht seinen Anker darin, dass er manchmal egoistisch ist: Er plant einen schönen Urlaub mit seiner Frau.

→ Eine allein erziehende Mutter findet die notwendige Stütze in Gesprächen mit anderen Frauen, die sich in einer ähnlichen Situation befinden.

→ Ein Mann versucht, sich an seinen Vater zu erinnern, sich zu fragen, was hat er gemacht.

→ Eine Frau holt sich Rat von außen. Wenn sie nicht mehr weiter wisse, frage sie Fachleute oder wälze Fachliteratur.

→ Einige finden Halt im Lautwerden. Ein Vater berichtet, dass er seiner Frau Halt gebe, wenn sie sich über die Tochter ärgere, indem er mit der Tochter in den Schuppen gehe und dort mit ihr hochdeutsch rede. Damit meint er, dass er dann einen strengen Tonfall anschlägt.

Fragen Sie sich: Was benötige ich, um ausgeglichen und geduldig mit meinen Kindern zu sein? Eine halbe Stunde lesen, ab und zu ins Schwimmbad gehen, einen Abend mit dem Partner oder einen Kinobesuch mit einer Freundin?

*Auch Eltern brauchen Hilfe. Manche finden vielleicht Halt beim Partner oder bei anderen Eltern, die sich in einer ähnlichen Situation befinden. Oder man wendet sich an eine der staatlichen oder kommunalen Hilfsorganisationen (Adressen, Seite 124).*

## VOLLKOMMEN EINGESPANNT

*»Mein Sohn ruft mich häufig schon in der Praxis an und fragt: ›Papa wann kommst Du endlich, ich will mit dir spielen.‹ Ich hetze dann nach Hause. Dort will ich meiner Frau helfen, mit dem Jungen spielen, mich um die Kleine kümmern, und abends muss ich noch Berichte diktieren. Eigentlich bin ich viel zu abgespannt, um mich auf die Kinder zu konzentrieren. Aber ich verlange das von mir. Mein Vater hatte nie Zeit für uns. Das sollen meine Kinder später von mir nicht sagen können.«*

Vater, zwei Kinder

*Feste Termine, die für die Kinder reserviert sind, können helfen, zeitliche Engpässe zu überwinden.*

# Was Hänschen nicht lernt...

Kleine Kinder lernen am besten. Man muss ihnen nur die nötige Zeit dazu lassen.

## Mit Geduld geht's leichter

Geduld sei so etwas wie praktische Liebe, meint der Dichter Walter Hilsbecher. Wie oft sind Eltern in Situationen, in denen es schnell gehen muss: Der Anderthalbjährige, der seinen Ehrgeiz daran setzt, alleine die Treppe runterzugehen, wird trotz Gezeter unter den Arm geklemmt und ins Auto gepackt. Die Vierjährige hört morgens, wenn sie gerade so schön spielt, die ungeduldige Stimme der Mutter: Zieh endlich deine Jacke und deine Schuhe an, wir sind schon wieder viel zu spät. Der Sechsjährige handelt sich möglicherweise eine Ohrfeige ein, weil er die Schulaufgaben nicht gemacht hat, ohne dass sich jemand anhört, was ihn vielleicht daran gehindert hat.

## Was Respekt und Selbstachtung bedeuten

Am besten lernen die Kinder, wenn sie noch klein sind. Nur müssen wir ihnen auch die Gelegenheit dazu bieten. Das heißt etwa, dass wir dem Anderthalbjährigen Zeit dabei lassen, wenn er versucht die Treppe runterzuklettern. Die Vierjährige in Ruhe und ganz alleine ihre Jacke und ihre Schuhe anziehen zu lassen, und den Sechsjährigen, ohne ihn unter Druck zu setzen, seine persönliche Einstellung zum Thema Schularbeiten finden zu lassen. Das erfordert in erster Linie Geduld.

Meine persönliche Erfahrung mit meinen Kindern ist, dass mit Geduld alles viel leichter geht. Wenn ich ungeduldig hinter meinem Sohn stehe, sorge ich höchstens dafür, dass er vor lauter Aufregung die Treppe runterpurzelt, und dann wird das Geschrei entsprechend groß sein. Die Vierjährige weiß gar nicht, wieso sie jetzt aufhören soll zu spielen und bekommt möglicherweise einen Wutanfall, der Sechsjährige wird sich schlicht ungerecht behandelt und unverstanden fühlen.

*»Ja, Eltern sollten nicht so direkt sauer werden. Immer mal ein bisschen auf dem Teppich bleiben. Ein bisschen piano oder so und nicht direkt schimpfen.«*
Max und Jakob, 10 Jahre

## Nachsicht haben

Der Kinderpsychologe Bruno Bettelheim schreibt Goethe eine große Gemütsruhe zu. Aus einer inneren Sicherheit heraus konnte er mit diesem Text für das »unerträgliche« Verhalten der Jugend ein amüsiertes Verständnis aufbringen.

Goethe kann sich erinnern, wie unerträglich er selbst als Kind gewesen ist. Das ist eine gute Hilfe – sich zu erinnern, wie empört man gewesen ist, wenn die Eltern nicht geduldig und verständnisvoll mit uns umgegangen sind.

»Eltern sollten nicht so hart sagen, wenn sie etwas nicht wollen und auch nicht schreien oder ausflippen. Weil dann die Kinder eher nur weitermachen. Sie sollten mehr Geduld haben und auch mal das Nein der Kinder respektieren.« (Hans, 12 Jahre)

Über den Kinderanalytiker Winnicott urteilte ein Kollege: »Er hat die Fähigkeit, das Verhalten von Kindern zu verstehen, die einmal Erwachsene sein werden, sowie von Erwachsenen, die einst Kinder gewesen sind.« (Glanrydd J. Rowlands)

*»Sag nur, wie trägst Du so behaglich Der tollen Jugend anmaßliches Wesen? Fürwahr, sie wären unerträglich, Wär ich nicht auch unerträglich gewesen.«* Goethe

## Vormachen statt ermahnen

*Kinder lernen am besten durch Anschauung und Nachahmung. Deshalb ist das Beispiel, das ihnen Erwachsene vorleben, prägend für ihre Entwicklung.*

»Wenn sich Erwachsene nicht an bestimmte Grenzen halten, wird das von ihresgleichen meist toleriert. Kinder hingegen werden überall und von jedem in ihre Grenzen verwiesen. Warum eigentlich?« (Carola Schuster-Brink)

Erwachsene kleben Kaugummis unter Konferenztische oder schmeißen Blechbüchsen aus dem Autofenster, trinken zu viel Alkohol, grölen und »baggern« fremde Frauen an.

Nicht ihre gleichaltrigen Freunde, sondern die Eltern bieten Teenagern den größten Halt gegen die Risiken der Jugendjahre. Denn eine funktionierende familiäre Bindung bewahrt Heranwachsende am ehesten vor Alkohol- und Drogenkonsum, früher Schwangerschaft, Depressionen, Selbstmord und Gewaltanwendung. (Studie der Universität von North Carolina, 1997)

Auch Selbstbeherrschung will gelernt sein. Aber von wem sollen Kinder es lernen außer von den Eltern? Wenn die jedoch ständig die Nerven verlieren, weil die Kinder »ausflippen« oder ihren eigenen Willen durchsetzen wollen, wie sollen die es dann jemals lernen, sich richtig zu verhalten.

**Wenn sich Kinder verhalten würden wie so mancher Fußballfan, würden sie sehr schnell auf Grenzen stoßen.**

116

Eine schwedische Untersuchung von 1973 gilt in ihren Grundsätzen sicher auch heute noch: Gut disziplinierte Erwachsene, die ihren Wertvorstellungen entsprechend leben, haben es kaum nötig, ihren Kindern Selbstdisziplin zu predigen, und sie tun es auch selten. Dagegen haben Eltern, die ihren Kindern sagen, sie müssten sich beherrschen, es aber selbst nicht tun, keinen Erfolg mit ihren Ermahnungen.

Mit anderen Worten: Vorbild zu sein für Werte, die einem selbst wichtig sind, wie etwa Selbstbeherrschung, Gerechtigkeit, Berechenbarkeit, ist die beste Grundlage, den Kindern etwas zu vermitteln. Dieselbe Untersuchung brachte das Ergebnis, dass die Eltern so genannter Problemkinder oft in einer gestörten Beziehung lebten, weil sie sich entweder über ihre Wertvorstellungen nicht einig waren oder diese ständig änderten.

## Prägung durch das Elternbild

»Ein Kind wird vom Verhalten seiner Eltern dann am meisten beeindruckt, wenn sie sich natürlich verhalten, ohne Rücksicht darauf, wie sie auf das Kind wirken. Das Vorbild von Selbstachtung ist so überzeugend, dass ein Kind kaum umhin kann, auch so wie seine Eltern werden zu wollen.« (Bruno Bettelheim)

Das hört sich in der Theorie sehr einfach an: Ihr müsst eurem Kind eure Wertvorstellungen vorleben. Dazu ist es nötig, diese zu kennen und häufiger über sein eigenes Verhalten nachzudenken. Andererseits wird es auch nicht so sein, dass die Kinder schon das nachmachen, was die Eltern tun.

In unseren Elterngruppen wird häufig Ärger über das unflätige Verhalten der Kinder geäußert. Die Eltern stöhnen dann darüber, dass sie nicht wüssten, wie sie damit umgehen sollten, wie sie ihren Kindern bestimmte Dinge, Ordnung und Mitverantwortung für andere und den Respekt vor den Grenzen anderer Menschen beibringen sollen. Der Vater eines 28-jährigen und eines

*In einer Untersuchung in Schweden kamen die Wissenschaftler zu dem Ergebnis, dass disziplinierte Eltern, die entsprechend ihren Wertvorstellungen leben, ihre Kinder selten zur Selbstdisziplin mahnen müssen. Eltern dagegen, die sich selbst nicht beherrschen, können dies auch nicht von ihren Kindern verlangen.*

117

14-Jährigen Sohnes beruhigte die Gruppe: »Man ist erstaunt, wenn die Kinder aus dem Haus sind, was sie schließlich dann doch alles können und verinnerlicht haben.«

### Die Selbstachtung fördern

*»In uns selbst liegen die Sterne des Glücks.«*
Heinrich Heine

Der Kinderpsychologe Bruno Bettelheim vergleicht in seinem Buch »Zeiten mit Kindern« das Verhalten amerikanischer und japanischer Mütter. Dabei untersucht er zum Beispiel die unterschiedliche Art, das Kind vom Kindergarten abzuholen. Amerikanische Eltern hatten den Raum kaum betreten, als sie ihrem Kind schon in aller Eile seinen Mantel anzogen und es ins Freie zerrten. Die japanische Mutter nahm schweigend Platz, ohne zunächst ihre Tochter auf sich aufmerksam zu machen. Schließlich sprach sie die Kleine leise an, aber sie beeilte sich genauso wenig wie das Kind, das sich weiter mit den Dingen beschäftigte, die es interessierten. In manchen Fällen dauerte dieser Aufbruch bis zu einer Stunde. Erst dann verließen die beiden vergnügt den Kindergarten.

**Besonders beim Einkaufen müssen die Kinder oft den eigenen Rhythmus aufgeben und sich an die Eltern anpassen.**

Es geht nicht um die reale Zeit, sondern darum, wie die Eltern damit umgehen. Das Kind im Kindergarten hat ein ganz anderes Tempo als die Mutter, die möglicherweise von der Arbeit gehetzt kommt und schnell noch einkaufen muss. Sich auf die unterschiedlichen Situationen zu besinnen, hilft vielleicht schon, um dem Kind mit mehr Ruhe zu begegnen; so kann es das Gefühl haben, dass seine Bedürfnisse respektiert werden. Während amerikanische Mütter offenbar der Ansicht sind, dass man ein Kind zu dem, was ihm gut tut, zwingen muss, gehen japanische Mütter davon aus, dass es sich um ihr Kind handelt und dass es bestimmt das Richtige tun wird, wenn man ihm genügend Zeit lässt, darüber nachzudenken.

Auch Bettelheim ist nicht der Meinung, dass wir das japanische Vorbild nachmachen können, aber doch daraus lernen sollten, dass Eltern an ihre eigenen Werte glauben und Vertrauen zu ihrem Kind haben müssen.

*Der Kinderpsychologe Bruno Bettelheim hat festgestellt, dass sich Kinder besser entwickeln, wenn die Eltern ihre Bedürfnisse respektieren und ihnen Freiräume lassen.*

## EIN TOR ÖFFNEN

*»Meine dreijährige Tochter ist erstmals auf einem kleinen Hügel Ski gefahren. Zunächst voller Unsicherheit, fuhr sie immer an meiner Hand. Irgendwann hatte sie sich gelöst und glitt durch ein kleines Tor. Ich war sehr erstaunt und lobte sie. Als ich sie fragte, wie sie das geschafft hätte, meinte sie aus voller Überzeugung: ›Mit eigener Kraft.‹«*

Mutter, zwei Kinder

### Vertrauen schenken

Eltern, die ihren Kindern Vertrauen entgegenbringen, setzen damit den grundlegenden Baustein zur Entwicklung ihres Selbstvertrauens. Wenn die Eltern glauben, der Zweijährige wird die Porzellanschale schon unbeschadet ins Wohnzimmer transportieren, werden sein Mut und seine Sicherheit im Umgang mit der Situation auf jeden Fall wachsen. Das Gefühl »er wird es schon schaffen« spornt ihn an.

Wenn wir an die positiven Verhaltensweisen der Kinder anknüpfen und sie darin unterstützen, stärken wir auch ihr Selbstvertrauen, das Vertrauen in die eigenen Fähigkeiten. Das hilft ihnen zu mehr Selbstständigkeit und Unabhängigkeit.

*Stärken Sie das Vertrauen Ihres Kindes in seine Fähigkeiten. Das wird ihm helfen, selbstständig und unabhängig zu werden.*

119

*Manchmal können Kinder Dinge viel besser als die Eltern. Äußern Sie Ihre Anerkennung, wenn das Kind etwas besser kann als Sie, und fragen Sie es auch mal um seinen Rat.*

Was gibt es, was Ihre Kinder können und Sie als Eltern aber nicht? Manche Kinder kennen sich besser mit dem Computer aus als ihre Eltern. Andere lesen die Zeitung intensiver und sind besser informiert. Wieder andere haben vielleicht ein besonderes Geschick fürs Dekorieren. Die meisten fahren besser Skateboard. Sagen Sie Ihren Kindern, dass sie etwas sehr gut beherrschen, was Sie selbst nicht können.

## Zeit für Kinder

»Jedem Ihrer Kinder gebührt das Recht auf einen Teil Ihres Hauses, das es als sein Eigentum betrachten kann, und auch das Recht auf einen Teil Ihrer Zeit (oder die des Vaters), worauf es sich verlassen kann und weiß, dass Sie für es da sind.« (D.W. Winnicott)

Erziehung setzt natürlich ein Interesse der Eltern an ihren Kindern voraus. Der Psychotherapeut und Experte in Familienrechtssachen Dr. Nick Berk geht mit vielen Eltern hart ins

**Ein wenig Zeit ist für viele Kinder ein größeres Geschenk als alles, was es im Spielwarenladen zu kaufen gibt.**

Gericht: »Eltern sind gescheitert, weil sie Kindern Karrieren vorgemacht haben«, lautet seine Auffassung. Viele Eltern arbeiten viel oder haben viel gearbeitet. Sie haben sich vielleicht sogar damit ein Häuschen verdient, ein Auto, können ihren Kindern teure Kleidung kaufen, aber sie vergessen dabei, sich wirklich um die Kinder zu kümmern.

Der Satz: Das haben wir alles für euch gemacht, treibt wohl jedes Kind zur Verzweiflung, weil darüber keine Kommunikation mehr möglich ist. Was sollen Kinder zu diesem einzigen unberechtigten Vorwurf an sie sagen?

Eine traurige Bilanz zieht auch die Autorin Ariane Barth: »Schick in Schale kommen die meisten Minis daher, aber darunter, tief in seinem Gemüt, dürfte jedes fünfte Kind psychisch angeschlagen sein. Mindestens jedes zwanzigste Kind ist in einer derart schlimmen Verfassung, dass es nach Ansicht von Fachleuten behandelt werden müsste.«

*Wenn Eltern sich zu wenig um ihre Kinder kümmern und sie dafür aus schlechtem Gewissen mit allen materiellen Gütern ausstatten, bekommen Kinder nicht das, was sie brauchen. Psychische Schäden können die Folge sein.*

## Gewappnet fürs Leben?

Wie kriege ich die Kinder groß? Wie erziehe ich sie zu lebenstüchtigen, liebenswerten Menschen? Nicole de Graaf, Kind der Kinderladengeneration, studierte Pädagogik und schrieb ihre Abschlussarbeit über die Kinderläden, eine Erfindung antiautoritär eingestellter Eltern und Pädagogen.

Sie meint: »Wir haben eine Erwartungshaltung, wie die Umgebung auf einen zugeht und was sie für uns macht. Wir glauben, für uns gibt es einen ganz besonderen Platz in der Gesellschaft, wir müssen ihn nur finden. Dieser Einzigartigkeitsanspruch erhält natürlich seinen ersten Knacks, wenn es in die Regelschule geht. Manche merken erst nach der Schule, dass es keinen gibt, der sich dafür interessiert, was sie sagen. So haben sie alle eine ähnliche Last und die heißt: Realität.«

*Möchten Sie Ihren Kindern eine kleine Freude machen, dann schenken Sie ihnen eine Stunde Zeit und Aufmerksamkeit. Wollen Sie dem Kind eine ganz große Freude machen, dann schenken Sie dem Kind einen ganzen Tag.«* Helmut Zimmer, Kinderpsychologe

*Kinder benötigen viel Liebe und Zuwendung. Wenn Eltern ihr Kind mit all seinen Stärken und Schwächen annehmen, stabilisiert das seine Persönlichkeitsentwicklung und gibt dem jungen Menschen das Gefühl, richtig in der Welt zu sein.*

Zwei wesentliche Eigenschaften können Kinder gut gebrauchen, wenn sie in die Welt hinausgehen: Einen Blick für die Realität und eine »gut gefütterte« Seele. »Fett auf der Seele«, das heißt: Das Gefühl, richtig zu sein in der Welt. Eltern können das am besten erreichen durch Liebe, die sie ihr Kind ständig spüren lassen. Zuwendung, Vertrauen und Bestätigung sind dabei aber ebenso wichtig.

»Auch unser 14-Jähriger kriegt seine Streicheleinheiten, wenn er sie braucht. Manchmal kommt er noch morgens zu uns ins Bett und will kuscheln.« (Vater, vier Kinder)

## Die Freiheiten erhalten

»Guck auf die Vielfalt und verlier dich selber nicht«, ist ein Erziehungsgrundsatz, den Nick Berk fordert. Das Leben ist kompliziert geworden, es gibt kein festgefügtes Weltbild mehr. »Für uns hörte Deutschland früher in Berlin auf. Jetzt fahre ich im Urlaub mal nachgucken, was dahinter liegt.«

Mobilität und Flexibilität gehören zu den wichtigsten Eigenschaften, wenn man sich behaupten will. Die komplizierten Lebensverhältnisse und -umstände bedeuten auf der anderen Seite aber auch sehr viele Freiheiten für uns. Der Einzelne hatte nie so viele Freiheiten wie heute. Aber diese Freiheiten erfordern einen ständigen Blick und Arbeitsaufwand, damit sie uns erhalten bleiben.

*Kontakte nach außen geben nicht nur den Kindern neue Impulse, sondern sie entlasten auch die Eltern vom Erziehungsdruck, von der Angst, Fehler zu machen. So kann zum Beispiel der Onkel vielleicht besser erklären, wie man Ski läuft als der Papa, weiß die Nachbarin mehr über die neuesten Modetrends als die Mutter.*

### Kontakte außerhalb der Familie

Kontakte zu anderen Menschen bereichern nicht nur die Kinder, sondern entlasten auch die Eltern von dem täglichen Druck, alles richtig machen zu müssen. Ein Nachbar hat vielleicht gerade mehr Zeit und Ruhe, um mit den Kindern Fußball zu spielen. Eine Tante hat ein besonderes Maltalent. Sie fördert auch ihre

Nichten und Neffen darin. Eine Freundin kann in punkto Herzensangelegenheiten noch andere Tipps geben als die Eltern. Ein Lehrer hat eine faszinierende Art Geschichten zu erzählen. Ein Großvater hat Spaß an gemeinsamen Ausflügen, auf denen zum Beispiel Blumen gepflückt und Kastanien gesammelt werden.
»Die normale Familie ist für die Wertevermittlung nicht das Maß aller Dinge. Für ein Problem gibt es oft 20 verschiedene gute Lösungen.« (Vater, vier Kinder)

*Kinder sollten erfahren, dass die Familie nicht das Maß aller Dinge sein muss. Wenn sie andere Lebensformen kennen lernen, stellen sie dabei fest, dass es für die Lösung eines Problems immer verschiedene Möglichkeiten gibt.*

## OFFENES FAMILIENLEBEN

*»Soziale Kontakte haben in unserer Familie immer Vorrang. Das heißt, wir unterstützen die Kinder auch in der selbstständigen Organisation ihrer Kontakte. Das Haus steht immer offen. Wer kommt, nimmt teil an unserem Leben, sitzt mit am Tisch. Wer lieber mit Freunden spielt, als an Familienunternehmungen teilzunehmen, darf mit seinen Freunden spielen. Ein erzwungener Familienausflug macht niemandem Spaß. So kommen sie auch von selber und wollen einen Spielabend oder mit uns zum Baggersee fahren.«*

Vater, vier Kinder

In Tansania lebt ein kleines Volk von Jägern und Sammlern, sie werden Hadza genannt. Bei ihnen spielt eine Gruppe rüstiger Großmütter eine wichtige Rolle bei der Versorgung der Kleinkinder. Jede stillende Mutter hat eine Großmutter – das muss nicht unbedingt die eigene sein – zur Unterstützung an ihrer Seite. Gut die Hälfte der Kalorien, die Kinder und Heranwachsende in Tansania aufnehmen, stammen von Wurzeln und Knollen, die Oma im Wald ausbuddelt. (taz)

*In manchen Kulturen leben die Menschen noch in Großfamilien zusammen; mehrere Generationen sind hier an der Erziehung der Kinder beteiligt. Das kann den Horizont der Kinder erweitern.*

123

# Kontaktadressen

### Erziehungsberatungsstellen

Sie sind der Stadt oder dem Kreis zugeordnet und darüber kann man sie telefonisch erreichen. Psychologen, Sozialpädagogen und Sozialarbeiter beraten kostenlos.

### Kinderschutzbund

*Hier bekommen Eltern umfassend Auskunft: Wer Probleme bei der Kindererziehung oder Fragen zu diesem Thema hat, kann sich an eine der nebenstehenden Beratungsstellen wenden. Dort erhält man Rat und Hilfe.*

Hier gibt es Rat und Hilfe, besonders bei Gewalt in Familien und bei Missbrauch. Es werden Familientherapien angeboten.
Zentrale: Kinderschutzzentren in Deutschland
Bundesgeschäftsstelle: Spichernstr. 55, 50672 Köln
Tel.: 02 21/52 93 01, Fax: 02 21/52 96 78
Örtliche Anlaufstellen kann man dem Telefonbuch entnehmen.

Nummer gegen Kummer
Kinder- und Jugendtelefon des Kinderschutzbundes:
08 00/1 11 03 33, die Nummer gilt bundesweit und ist kostenfrei.

### Elternbriefe

Herausgeber dieser Briefe ist der Berliner Arbeitskreis neue Erziehung e.V. Zu beziehen kostenfrei über das zuständige Jugendamt. Sie enthalten Tipps und Anregungen für alle Situationen im Zusammenleben mit Kindern von der Geburt bis zum achten Lebensjahr.

### Pro Familia

Deutsche Gesellschaft für Familienplanung, Sexualpädagogik und Sexualberatung e.V., Bundesverband
Stresemannallee 3, 60596 Frankfurt a. M., Tel.: 0 69/63 90 02.
Die Pro-Familia-Stellen befinden sich auch in vielen größeren Städten; hier erhält man nach Terminabsprache eine kostenlose Beratung.

124

## Die Autorin des Buches

Elisabeth Raffauf ist Mutter von zwei Kindern und lebt in Köln. Sie arbeitet als Autorin und Psychologin. Ihre Themenschwerpunkte sind Gynäkologie, Mädchen und Frauen, Kinder, Psychologie, Medizin und Musik. An einer Erziehungsberatungsstelle leitet sie Gruppen für Eltern und Jugendliche.

## Haftungsausschluss

Der Inhalt dieses Buches ist sorgfältig recherchiert und erarbeitet worden. Dennoch können weder Autorin noch Verlag für alle Angaben im Buch eine Haftung übernehmen.

### Die Deutsche Bibliothek – CIP-Einheitsaufnahme

Elisabeth Raffauf:
Mein Kind macht, was es will. Wie Sie Kindern kreativ Grenzen setzen.
Augsburg: Midena 1998
ISBN 3-310-00496-1

## Für tatkräftige Unterstützung herzlichen Dank an:

Jakob Junker, Max Burdach, Charlotte Schmitz, Stefanie Junker, Christel Boßbach, Nick Berk, Klaus Schweitzer, Kathrin Sanders, Markus Jung, Angela Krüger, Nicole de Graaf, Lydia Reck, Katinka Lutze, Shi Ming, Hans Raffauf, Jana, Luca und Heiner

## Bildnachweis

AKG Archiv für Kunst und Geschichte GmbH, Berlin: 30 (Paul Almasy); Bilderberg Archiv der Fotografen, Hamburg: 2, 24, 52, 77 (Klaus Bossemeyer), 5, 8, 10, 16, 18, 51 (Wolfgang Kunz), 12 (Peter Blok), 23 (Nomi Baumgartl), 26, 59 (Aurora), 28 (Tino Soriano), 37 (Wolfgang Volz), 40 (Milan Horacek), 43 (Thomas Ernsting), 54 (Walter Schmitz), 66 (nonstock), 84 (Eberhard Grames), 95 (Dorothea Schmid), 99 (Andreas Taubert), 106 (Dominik Obertreis), 116 (Hans J. Ellerbrock), 120 (Etienne Poupinet); PhotoDisk, Hamburg/Seattle, 16/17; ZEFA Zentrale Farbbild Agentur GmbH, Frankfurt: 4, 46, 80 (Sharpshooters), 6 (Jaemsen), 9 (Pfeiffer), 14 u. 89 (G. Baden), 20 (Krenkel), 24 (Kotoh), 32 (Morsch), 33 (Beck), 38, 75 u. 104 (Norman), 45, 61 u. 91 (K+H Benser), 48 (Dr. Müller), 56 (Index Stock), 64 (Wartenberg), 69 (G. Baden), 93 (ZEFA Wien), 94 (Rossenbach), 96 (Boiselle), 102 (Wurm), 114 (Pacific Stock), 118 (Jonas); U4 PhotoDisk, Hamburg/Seattle.

## Weiterführende Literatur

*Bettelheim, Bruno:* Zeiten mit Kindern. Herder Verlag. Freiburg 1994
*Davidson, A., Davidson, R.:* Lust aufs Leben. Campus Verlag. Frankfurt/New York 1996
*Dolto, Françoise:* Alltagsprobleme mit Kindern und Jugendlichen. Beltz Quadriga. Weinheim, Berlin 1992
*Dreikurs, Rudolf, Grey, Loren:* Kinder lernen aus Folgen. Herder Verlag. Freiburg 1973

## Impressum

Es ist nicht gestattet, Abbildungen und Texte dieses Buches zu digitalisieren, auf PCs oder CDs zu speichern oder auf PCs/Computern zu verändern oder einzeln oder zusammen mit anderen Bildvorlagen/Texten zu manipulieren, es sei denn mit schriftlicher Genehmigung des Verlages.

Midena Verlag, Augsburg
© 1998 Weltbild Verlag GmbH
Alle Rechte vorbehalten

*Redaktion:* Barbara Zander, Ulrich Ehrlenspiel
*Bildredaktion:* Miriam Zöller
*Umschlag:* Beatrice Schmucker, Augsburg
*Layout:* Jane Behrends, München
*Grafische Gestaltung und DTP/Satz:* Fischer's DTP-Studio, München
*Druck und Bindung:* Offizin Andersen Nexö, Leipzig
*Reproduktion:* Repro Ludwig, Zell am See (Österreich)

Gedruckt auf chlorfrei gebleichtem Papier

Printed in Germany

ISBN 3-310-00496-1

125

# Stichwortverzeichnis